# EL ALA PERDIDA DEL ÁNGEL

RAMSES NASER

Primera edición, Miami, 2022

ISBN 9798373161855
Edita: Editorial Primigenios. Miami, Florida
Correo electrónico: editorialprimigenios@yahoo.com
Sitio web: https://editorialprimigenios.org
Edición y maquetación: Eduardo René Casanova Ealo

# Prólogo

Leemos hoy un nuevo y esclarecedor libro del profesor Ramsés Naser en el que profundiza, como siempre, en esos lugares y sucesos de la Historia que no solo hemos olvidado, sino que también, para su ocultamiento, han estado sujetos a una milenaria manipulación por parte de grandes intereses religiosos y económicos, que son los culpables de esta escalofriante falsificación de la historia humana.

Por esa falsificación histórica de ideas y creencias que han ido conformando la "memoria del ego", debemos tener cautela e iniciar un cuidadoso análisis de su contexto, para llegar a percibirlas como el inexorable nacimiento, evolución y muerte de esas "estructuras psicológicas" que dan a ese ego su ilusoria seguridad. Y es que desde un vacío e inseguridad fundamental brota la semilla del ego humano, dijo Krishnamurti.

El profesor Naser se remonta a los primeros momentos de la rebelión demiúrgica contra Dios (Platón la señaló en el contexto griego) en la que nuestra percepción del mundo comenzó a degradarse por esa lucha de la que habló el controversial Pablo de Tarso, una batalla que era y es "contra criaturas espirituales de las tinieblas", ángeles caídos. Asimismo, indicó que la lucha principal era de contenido psicológico y espiritual.

Esas entidades del mundo astral y mental crean las primeras formas por las que el hombre de la edad de oro (la era de los primitivos chamanes y yogas) perdió su "discernimiento espiritual" y la calidad de una intuición que lo ponía más allá de todo juicio y apego, o sea, en el seno creativo del veloz movimiento que une, relativiza y trasciende la dualidad mental y fenoménica en la que se funda toda moral o supuesto juicio "verdadero", como dijo Nietzsche.

Estamos, así, ante lo que los hindúes llaman el ilusorio *samsara*, y los chinos, el "camino del Tao". Ellos fundamentan la acción espontánea de una conducta en la que ya no está presente el "ego". Ese es el secreto del *samadhi*, el nirvana y el *satori* (zen). A esa acción, carente de "ego", es lo que el filósofo español José Ortega y Gasset llamó "razón vital", para lo que se inspiró en la tradición presocrática y dionisiaca, esa que tuvo sus raíces en la India.

La cultura actual, en virtud de esa conjura milenaria y oculta, ha creado la crisis de todos los valores arquetípicos, tal como manifestó Carl Gustav Jung, quien se refirió al Fausto, de Goethe, y al Zaratustra, de Nietzsche. Debido a esta crisis de identidad, que se ahonda cada vez más en el hombre de la actualidad, este ha ido sufriendo esa "fragmentación del ego", lo que ha causado la merma del contacto con "una memoria perdida" que une su espíritu a la fuente primordial de una divinidad hoy olvidada, como trágico destino del ser, del ente y del hombre.

Es sobre esta sistemática falsificación de la Historia que, por ejemplo, la gran teósofa E. Blavatsky nos dice en su obra *Isis sin velo* que "desde el primero al último versículo, nada tiene que ver el Génesis con el pueblo escogido, sino que corresponde a la historia del mundo, y no es prueba en contrario que los escritores judíos se lo apropiaran cuando Esdras mandó recopilar los esparcidos textos sagrados que hasta hoy se han atribuido a revelación divina y son compendios de las universales leyendas de la humanidad".

Hemos visto, pues, cómo el caos que impera en el mundo se manifiesta por la lucha global entre nuestra decadente e hipócrita tradición judeoaristotélica y el gran panteísmo asiático que se inspira en los presocráticos, hindúes y chinos. Europa abandonó esa gran percepción y "sabiduría de salvación" después de la muerte de Plotino de Alejandría en el siglo III de nuestra era.

Estas dos concepciones citadas no podrán reconciliarse jamás, porque, en la primera, vive y se justifica la ilusión del "ego y su permanencia", pero no en la segunda –la asiática–, para la que este nace del apego a lo fugaz y a lo permanente del mundo.

Nuestra razón actual padece una terrible enfermedad, esa que contrajo al buscar el "ego permanente" en función de la "fe revelada" o de la "razón pura", señaló Ortega y Gasset. Debemos, pues, hacer vigente la acción de una nueva forma de pensar bajo el mandato salutífero de la "razón vital", agregó el mismo filósofo.

El profesor Naser presenta todo lo anterior, en forma más detallada y profunda, en este nuevo libro, que nos trae una mejor perspectiva de la llamada "angelología" y de esa milenaria conjura mundial que desde el espacio, y moviéndose en la tierra, amenaza con convertir al hombre en un ser "sin Dios, sin razón y sin mundo", además de la amenaza apocalíptica que pesa sobre toda la humanidad actual.

Raúl Salazar Pazos
Historiador

# Introducción

Versículo 2, de las "revelaciones de Jesús sobre Satanás", correspondiente a *El Evangelio cátaro del pseudo-Juan*:

> Yo dije: Señor, antes de que Satanás fuese fulminado, ¿cuál era su Gloria junto a tu Padre? Y Jesús respondió: Era una Gloria tan grande que mandaba en las potestades de los cielos.
>
> Yo estaba sentado junto a mi padre, y él mandaba a todos los imitadores de mi Padre. Bajaba del cielo al infierno, y subía de nuevo desde el infierno hasta el trono del Padre invisible. Y fue herido de orgullo por la Gloria de quien, como él, dirigía los cielos y concibió el pensamiento de poner residencia sobre las nubes de los cielos y deseó ser semejante al Altísimo.

La caída de los ángeles generó una catástrofe que causó la batalla metafísica que aún se libra en estos tiempos entre los hijos de la luz, la iniciación y los hijos de la oscuridad, la contrainiciación, la cual ha quedado, por un lado, archivada, sumida en el "misterio del dogma" y, por el otro, manipulada durante siglos. Esto le ha permitido a la contrainiciación poder gozar de tiempo para consolidarse y crear una "historia oficial" que no tiene nada que ver con la realidad histórica, modificada, en parte, por las traducciones bíblicas y las diferentes interpretaciones que se han hecho de estas, que solo mediante un escrutinio exhaustivo, asunto de muchos autores no populares, pueden establecer un criterio definitivo y funcional de la verdad y no de lo "verdadero".

En ese contexto, también se inscribe la judaización del cristianismo por parte de Saulo de Tarso. Esta imprime el sentido, la dirección semántico-cultural, incluso económica, política y social al movimiento cristiano, que se había decantado por el esenismo de la liturgia y las metas del judaísmo, para ya más adelante, con la Iglesia como Estado, establecer la inaccesible barrera del dogma eclesiástico y su Estado dentro del Estado, los santos oficios, las herejías y las hogueras, que acabaron con los herederos de los esenios, nazarenos, cátaros y bogomilos cubriendo de un barniz sagrado el terror psicológico que tales barbaries suscitaron.

Hoy, con la "consolidación de la contrainiciación", en su afán ateo y materialista de su última versión de la globalización, asistimos, al agotarse el tema de los extraterrestres, a la moda de los ángeles y la angelología, como algunos seguidores de la "nueva era" suelen denominar a lo que, correctamente pronunciado y escrito, se llama angelología, como un nuevo entretenimiento. Y, mientras el "plan avanza", los ahora salvadores de la humanidad desplazan el verdadero sentido de la misión de Jesús el Cristo a esta otra adoración. Con esto producen todo un culto de la "metafísica" mediante el sello de la "nueva era". Debido a ello, se hace necesario hurgar en las escasas fuentes que han escapado en manos de los impostores, con el objeto de acercarnos a una postura más acorde con la verdad. Por tanto, son inevitables preguntas como:

¿Existen los ángeles o son solo un mito? De existir, ¿cómo podemos tener acceso a sus virtudes? ¿Son emisarios, nuncios divinos, intermediarios, anunciadores o simplemente categorías que no tienen nada que ver con estos oficios? ¿La pronunciación de sus nombres, aquellos que la tradición nos ha legado, es suficiente para motivar su presencia y potencia, o estamos usando un lenguaje equivocado e invocando, por lo tanto, a añejos egregores de culturas, cuya interpretación es ajena a la nuestra? ¿Cuál es la relación de Dios con los ángeles? ¿Los ángeles caídos tienen representantes en las jerarquías visibles del planeta? Por último, ¿quieres recuperar el reino? Este libro te puede dar la orientación, pero antes tienes que aceptar el reto: ¿reptas o vuelas? Porque tú no eres un ángel, pero sí puedes despertar la conciencia angélica.

Ramses Naser
1/9/2002
Kali Yuga

Él quiso tener su propia gloria y, en un rapto de arrogancia, la obtuvo. Usó las virtudes que el invisible le encargó, aprovechándose de la buena voluntad del ángel de los sonidos, el que accedió a entregarle las claves musicales, que, en su ejecución, fueron capaces de arrobar la infinita sensibilidad de los amados espíritus de Dios, inimitable melodía en la que en cada letanía se enaltecían los unos a los otros, arrebatándolos a otras dimensiones, creadas por su mente demencial, en la que las primigenias vestiduras se fueron transformando al contacto con los elementos pesados de la materia y por lo que lloraban pidiendo clemencia y reclamando el retorno a sus celestiales palacios.

Así se apoderó del ángel del aire, del agua y de la tierra y, tras una explosión espantosa, nada similar a las gratas partituras musicales del reino de Dios, expandió su nuevo material que se abría paso como un dragón de fuego y un estallido de gases, y encadenando, en la gravedad, todo lo que había creado.

No le bastó con ser el luminoso que, en bienaventuranza, gozaba de la gloria en la diestra, en su regazo de amor perpetuo junto a Jesús el Cristo, sustancia misma del Supremo, en plenitud de su misericordiosa presencia, tejiendo con los atributos divinos el manto de cuanto servía de apoteosis al universo del Altísimo mientras emanaba bendiciones que se colmaban en la eternidad del ágape sacrosanto de su etéreo corazón.

¡Ay! Hermano en la bendita semejanza, qué hermoso es aquel estado en el que Él quiso alejarse de la luz, cuántas bendiciones dejaron de cubrir el plumaje espiritual de sus alas, que hacían un espectáculo luminoso a su paso aéreo por cuantas residencias del universo de Dios transitara.

El supremo rector de la absoluta libertad del reino le había entregado el dominio del néctar en el cual se sostenían las virtudes por medio de las que la bendición del Altísimo derramaba su presencia en amor perenne.

El reino, un perpetuo devenir de beatitudes, en el que dichas virtudes espirituales eran soberanas de un irrepetible fluido de etéreas esencias que, al solo roce de sus cuerdas de luz, emitían celestiales coros de morados y azules. De estos se desprendían sonidos silentes que describían alabanzas al eterno.

En un ir y venir de frecuentes olas, los espléndidos espíritus de Dios generan a su antojo toda la manifestación que, con asiduidad, provienen de la sublime libertad que emanan del universo de Dios, del que el Altísimo es su máxima esencia, la cual no puede limitar so pena de negarse a sí mismo en su magnanimidad y misericordia.

Todo cuanto eleva un espíritu –en presencia del invisible– es *dharma*. Ello impide, sin restricción, que se rompan las frecuencias en las emanaciones energéticas por violación de la ley universal, tal como ocurrió con Satanás, solo que, en este caso, fue más grave, ya que el objetivo demiúrgico era al principio de su rebelión, y lo sigue siendo, destruir el universo de Dios, lo que causó un mecanismo de rechazo similar al efecto repulsivo de la fuerza de gravedad, rechazando y expulsando, en explosión, Big Bang, todas las energías que, en su expansión, crearon tiempo y espacio y, con ello, otras dimensiones, donde se expurga el karma generado por el ser que ha intentado romper el equilibrio armónico que sostiene el universo genesiaco en el que mora Dios.

Ahí deberá purificarse transitando dentro de esos tiempos y espacios, contenido en la propia violación del *dharma*, pudiendo retornar al universo de Dios, solo y tan pronto restituya sus alas, lo que equivale simbólicamente a la nueva vestidura espiritual, cuya pureza supera el diamante más prístino y cuya transparencia multiplica la del agua que brota del manantial, pero purificada al contacto con los filtros naturales, tan transparente que se hace invisible al ojo de la criatura humana.

No es un castigo, ¡no!, aunque el ser que está en un estado dual lo interprete así. Es el producto de una acción errónea, y tal equivocación puede causar un bikarma, o sea, la violación de la ley universal en la que se apoya el universo de Dios.

Hay una barrera entre los universos creados por la rebelión de Satanás y el universo de Dios. Dicha curvatura del tiempo-espacio, producida por la cercanía de lo eterno, está a partir de la quinta Loka, quinta dimensión o quinto cielo. A partir de ahí, a las legiones de ángeles arrastrados hipnóticamente, obnubilados por la música de la creación del ángel de los sonidos celestiales, les fueron cambiadas las vestiduras, y mientras esas vestiduras no se transmuten por medio de Jesús el Cristo, vitral de Dios, los ángeles caídos no podrán volver a la vestidura original que les permite el acceso al "reino celestial".

Como planetas, apresados en su ADN, arquetipos del espacio, prisioneros del Zodiaco, perdieron la luz propia en la caída, y el demiurgo les cambió los tronos y coronas (en sí potestades celestiales) en tronos, principados y coronas terrenales, que guardaban correspondencia con las jerarquías visibles de la contrainiciación.

Una vez que estuvo instalado en el firmamento, activó aún más la dinámica del caos, escupiendo fuego hidrógeno, helio, y miles y miles de planetas, estrellas, galaxias, etc., aparecieron ante el cuadrante de su mente cibernética. Había nacido la segunda naturaleza que pare creaturas.

Los ángeles son creaturas, no criaturas, pero creaturas celestiales que no han nacido, mientras que estas creaturas provenientes del complejo químico de la creación necesitan nacer. Por eso, luego activó la segunda naturaleza, en la que esas criaturas parieron criaturas, la organática se hizo más compleja y en los cuerpos más densos se formaron dos orificios. Después, casi seguido, se abrieron cinco, una octava quedó abierta durante mucho tiempo, el vertex, o fontanela, pero el demiurgo sabía que era más fácil que el espíritu saliera de la cárcel carnal a través de ella y entonces la mandó a sellar. Una vez replicó con un doble astral, hasta cumplidos los primeros cinco meses de la criatura; las alas, que otrora fueron su orgullo, se replegaron, engullidas por la carne, en forma de primitivos pulmones (anfibios) que les permitieron durante mucho tiempo poder existir en las aguas, a la vez que en la superficie, cuando las condiciones sulfurosas cedieron y la tierra se enfrió. Entonces surgieron del agua las primeras criaturas que, luego metamorfoseadas, optaron por el mar o por la tierra, según se fijaban los caracteres en la evolución o el peso del cuerpo, agrandados por la inmensa atracción que un planeta, ubicado en el actual cinturón de asteroides, ejercía sobre la tierra, los obligó a volver al mar y hacer, de aquel, su definitiva morada.

Al respecto, H. P. Blavatsky dijo en *La doctrina secreta* (antropogénesis): "Cuando la "Sombra" se retira, esto es, cuando el Cuerpo Astral se oculta en carne más sólida, el hombre desarrolla un Cuerpo Físico. El "Ala" o Forma etérea que producía su Sombra e Imagen se convirtió en la Sombra del Cuerpo Astral, y su propia progenie. La expresión es extraña y original".

# La batalla

Miles de legiones salieron a entablar combate una vez que se equilibraron las fuerzas interestelares que causaron grandes cataclismos, los cuales fueron engendrados por las vastas presiones a las que fue sometida toda la creación, con estas huestes, que poblaron el planeta y cuyos adefesios y excesivamente grandes y monstruosos cuerpos les permitía apenas sostenerse, incapaces con el transcurrir del tiempo de arrastrarse por el extraordinario peso.

Hubo ángeles rebeldes contra Dios, pero también los había obedientes al demiurgo, aunque después surgió una rebeldía contra este último. Los obedientes al demiurgo, sus ejecutores con categoría de dioses, son los seres o el Ser de "conciencia colectiva", Elohim, que engendraron envidia al ver que la propia creación del hombre los igualaba, conocedores del bien y del mal, a diferencia de los ángeles puros, conocedores solamente del bien.

Los primeros anhelan nuestra condena y nos llevan a permanecer en la mentira; los segundos nos ayudan a permanecer en la verdad, son los que nos auxilian en el reconocimiento de la "inmortalidad", sin muerte, espiritual.

Lo contrario es la muerte y el reciclaje en las bajas pasiones, la patente de su burdel astral, el camino de la locura en el manicomio sideral, el planeta Tierra, el centro del drama de la creación, donde el demiurgo-Jehová-Satanás, el Ophimorphos, cuerpo de serpiente, es el portador de la astucia y la envidia.

Por ello, los lamentos de aquellos ángeles rebeldes, al perder sus alas, eran dolorosos e interminables, ya que, además, con el nacimiento de la forma corporal y la conciencia del tiempo-espacio, había nacido la muerte. Su acción no quedó reducida a ese acto, ya habría tiempo para que posteriormente cada organismo entrara en una especie de generación espontánea, en la que produciría en sí mismo lo que necesitara para su supervivencia.

Por eso, siendo aún diseñador de su universo, ordenó al ángel del tercer cielo que penetrara al barro por medio de su ánima, engendrando un androide-andrógino, separando de ese hermafrodita, una vez que cumplió su cometido, el aspecto sexual femenino y el aspecto sexual masculino, lo que ocasionó un nuevo "balance hormonal" en los pares de opuestos y dio lugar a los aspectos morbosos en la contemplación física del cuerpo, antes cubierto el "efecto hoja de parra" del erotismo, la lascivia y la lujuria, con el objeto de incitar al acto de procrear criaturas de manera irresponsable, manteniendo tal impulso tanto en la horda como en la manada, y aún más en la selección, dado que al no ovular, el ángel caído conserva el mismo impulso inicial del semental con el que fue creado desde aquellos tiempos, que lo llevará irracionalmente a buscar el apareamiento, creando una actitud esquizoide, provocado un conflicto de mayor trascendencia ético-moral, el adulterio, que podrá ser secundado por la hembra, a pesar de que esta vela por la ovulación y la maternidad, factores que la alejan temporalmente de la exacerbada libido por estar bañada en esos períodos de agentes bioquímicos, baños hormonales que despiertan actitudes protectoras y de abstinencia, hoy en día diezmadas ante la avalancha de incitaciones por medio de la pornografía y la falta de promiscuidad sexual.

Entonces, en un giro de teúrgia mahamáyica sin precedente, el demiurgo les replicó un avance de su plagio del estado paradisial, el Jardín del Edén, una proyección afrodisiaca del paraíso de Dios, y ese estado de encantamiento pentadimensional les atrajo de tal manera que no se percataron de que habían sido atrapados en un efecto ilusorio de esta versión mediante el árbol que nacía en las circunvoluciones del cerebro y se extendía por todo el cuerpo en forma de doble hélice, la una como raíz, y la otra, como rama. El primer árbol, llamado el del bien y el del mal, era el cerebro, primero en su forma primitiva sensorial y olfativa, luego para poseer otros órdenes del universo, según su plan de dominio y de colapsar algún día el universo de Dios, su crecimiento corticalizado como el fruto racional y frío, causando posteriormente su división en dos hemisferios cuando se dio cuenta de que el puente que los unía podía conectarlo aún, por medio de la memoria recuperada, a la nostalgia del Paraíso Perdido, y poner en peligro sus objetivos. Luego desató la energía *kundalini*, cuya fuerza serpentina, energía también liberadora, quedó aprisionada en los treinta grados en la región lumbosacra al abrir con su compás atómico los límites sensuales, zona donde fijó los instintos básicos, digestión, desasimilación, y, al comer de la otra fruta, el sexo, después de lo cual, ya codificados, supuso la entrada definitiva a la prisión del *samsara* y del eterno retorno.

Poseídos en la dualidad, todo era un cambio relativo a la interpretación, la ilusión era confundida con la realidad, la realidad se convertía en el fracaso de esa ilusión, y la verdad era algo siempre relativo.

Pero, para el demiurgo, en su fuente inagotable de maldad, quedaban muchas realidades por crear hasta la realidad virtual de este momento de la tercera naturaleza artificial, con el objeto de desestabilizar cualquier intento de llegar a la memoria de Dios y alcanzar el estatus de ángel, dado que las principales vías habían sido destruidas en la Torre de Babel mediante la confusión de lenguas y el olvido del teolenguaje, luego por la división de los hemisferios cerebrales, que habían establecido muy bien la separación entre el mundo intuitivo, espiritual y el calculador, receptivo de una lógica racional que terminó prevaleciendo, y, paralelo a ello, con la destrucción de los linajes.

Después, en una fase más avanzada, la información caótica sería empleada como dinámica de agotamiento para destruir cualquier inteligencia que interfiriera en el plan demiúrgico, la cual se satanizaría para terminar cumpliendo con el objetivo definitivo al que la criatura se había negado reconocer: consolidar el universo del demiurgo.

Como se reflejó esta rebelión y caída en los relatos de historiadores y filósofos griegos y romanos, la opinión de dos de sus principales figuras ilustra con brevedad lo anteriormente expuesto: "Las almas descienden del aire puro para ser encadenadas a cuerpos" (creencia de los esenios, según Flavio Josefo).

Filón piensa lo mismo: el aire está lleno de almas, y aquellas que están más próximas a la tierra, descienden para ser encadenadas a cuerpos mortales, volviendo a los cuerpos, al tiempo que se encuentran deseosos de vivir en ellos.

Sin embargo, el reciclaje de nacimiento, muerte y reencarnación es el mejor argumento que creó el demiurgo para mantener su universo, ilusionándose con que colapsaría al reino de Dios en algún eón, creyendo que su acción "eternamente" incesante, que de manera errónea llama "creación" y no es más que un plagio en evolución, el cual, al sembrar en la criatura el afán y la obsesión de procrear para mantener la descendencia, delira creyendo que agotaría la luz de sus espíritus en su gloria y terminaría destruyendo su esencia, pero ignorando en su demencia que el espíritu de Dios es infinito y que su luz es eterna e inextinguible.

Otro camino tomaron los asen, los héroes de casi todas las glorias mitológicas. Al igual que las primeras razas carnales, intentaron conservar la memoria de Dios, asociándose a la descendencia y adhiriéndose rigurosamente al otro árbol, el genealógico. Siglos han batallado por mantener al árbol vivo, pero poco a poco la voluntad demiúrgica terminó destruyendo sus raíces desde las primeras descomposiciones que surgen después de las primeras dinastías egipcias hasta los subsiguientes reinados, con la dinastía XVIII, período álgido que se destacó por el matrimonio de Tuya, la madre del rey hereje, con José; el de Yuya, de sangre no real, con su hijo Amenofis IV; el del moisés hebreo del Antiguo Testamento, también de sangre no real, con Nefertiti, princesa egipcia de linaje real, que puso fin a la rigurosa ley de descendencia que establecía dicho linaje por medio de la hija mayor, casándose con el hermano mayor, para sostener el título de faraón, una catástrofe que posteriormente se va a repetir en las monarquías europeas, mucho antes del nacimiento de las repúblicas, mediatizadas, "revividas" y conservadas en la actualidad en una mezcla rara de atracción, repulsión y de nostalgia de especímenes en vías de extinción a las que se hace necesario conservar como un museo viviente por parte de la Unión Europea.

Cuando los ángeles perdieron el ala, involucionaron y fueron perdiendo, poco a poco, la memoria, olvidando el mensaje y la sabiduría clave que, a su vez, es misteriosamente eliminada de los textos patrísticos, sea por intervención humana, sea por incendio, tal como sucedió con la Biblioteca de Alejandría. Hay una excepción de la cual se deduce la esencia del pensamiento de Jesús acerca del reino y de la muerte, del nacimiento y del retorno a este. Es el extracto de un evangelio apócrifo en el que Jesús dialoga con María Salomé, y esta le pregunta:

Maestro, ¿cuándo terminará el reino de la muerte?

> A lo que Jesús responde: Cuando vosotras mujeres no hagáis más hijos... Y cuando los dos sean uno, cuando el hombre y la mujer se hayan unido, cuando no haya más hombre ni mujer, entonces terminará el reino de la muerte.
> Y Salomé replica:
> ¿Yo haré bien en no tener hijos?
> Y Jesús dice:
> Come de todos los frutos, pero de aquel de la amargura, el de la maternidad, de ese no comas.
>
> *Evangelio griego de los egipcios.*

Sin embargo, la tercera naturaleza artificial sicocibernética le ha dado la posibilidad al demiurgo de que sus nuevas criaturas sean procreadas por medio de la clonación, es decir, un cuerpo emocional y físico desprovisto de espíritu y del "existe ilusionado", en el que este será el fin del universo de Dios.

No obstante el sacrificio que numerosas milicias celestiales realizaron al optar por vestiduras materiales y combatir en esta batalla metafísica para restituirnos al reino celestial y, a pesar de que hace más de dos mil años el maestro resumió en su magnánimo sacrificio el karma acumulado por la criatura en trance de ser un ser humano, dejándonos en su prístino espejo el reflejo de su bendita semejanza y así restituirnos las alas con que retornar a las mansiones del espíritu, las circunstancias del nuevo milenio presentan un perfil muy alejado de estos ejemplos, por lo que lamentablemente no hemos respondido a la altura debida, y henos aquí transitando en este trajín manvantárico por el desierto de la iniciación.

Como hemos visto, parte de estos espíritus intentaron transmitir la memoria dorada a sus hijos y entraron en contacto con los mortales de barro, descendientes del hombre rojo, el producto de su sexo tántrico, el que introdujo el hierro y el carbono en la sangre, la luz condensada del Adán y de la Eva, a los que les antecedió el hombre verde, alimentado de clorofilas vegetales y, mucho antes, el hombre azul, raza primigenia, ígnea pero visible, cuya antecedente es la espiritual. La mitología germana los identifica como los divyas o siddhas, los vanen y asen, seres divinos, ancestrales, que luego pierden un ala al volverse semidivinos, debido al contacto con las mujeres de barro, mientras que otros terminaron involucionando y perdiendo totalmente su condición divina.

Algunos elegidos de la luz llegan a sostener la memoria de Dios, el cordón dorado y los Archivos Akáshicos que les servirán de inmensa ayuda, a la vez que preparan la vuelta a los tiempos primordiales, crean el reflejo del cielo en sus ciudades, monumentos y templos, y guardan celosamente los récords, que les permite -al cambiar- el planeta pasar de un clima cíclico a un clima estable, enderezando el eje de la Tierra, haciendo el giro en dirección levógira, no dextrógira, para evadir los grandes cataclismos a los que sería sometida la Tierra hasta el final de los tiempos, tal como sucedió el 27 de julio del 979 con la catástrofe de la ATLÁNTIDA, de la que la civilización aha tuvo conocimiento por medio de esos archivos. Dicha civilización fundó las primeras dinastías egipcias. De estas, los 144 000 sobrevivientes o elegidos, los peraha, se salvaron.

A partir de la pérdida de los reinos de Asgard, Samballah, Paradesha de Hiperbórea, de la Atlántida del Egipto primordial, de la civilización que floreció en Gobi y de la de Mohenjo-Daro, la dirección espiritual para rescatar el arquetipo celeste quedó en manos de Jesús, después llegó el último mensajero, Mahoma, quien fue anunciado por Gabriel. Cabe destacar que a Mahoma se le atribuyen mensajes y esfuerzos finales por restablecer el vínculo entre Oriente y Occidente por medio del que se restaurará el orden primordial, antes de la ascensión de la nueva raza espiritual, la rueda del tiempo llegará al punto omega según lo están determinando los acontecimientos actuales, la batalla metafísica entre los hijos de la luz y los de la oscuridad se acrecienta y se hace necesario recuperar la otra ala antes de que sea tarde, porque, ya, demasiados reptan.

Desde esta batalla, la de la iniciación y la contrainiciación, declarada por estos últimos, aquellos que en Juan 10: 8 desenmascararon lo siguiente: "Los que antes de mí vinieron, ladrones son y salteadores", ha quedado claro que para los hijos de la luz se hace imprescindible restituir la otra ala del ángel perdida en dicha contienda, lo que equivale en lenguaje hermético a reponer el tiempo primordial, el paraíso del cual nos hemos extraviado, y para ello debemos, como dije antes, recobrar la memoria de Dios, y ese es el superobjetivo básico de tu ángel: recordarte lo que Jesús te prometió, el regreso al universo celestial. De ahí la nostalgia, una nostalgia que los antiguos conservaban por medio del *ahoma*, en el caso de los persas, o del *soma*, en el caso de los hindúes, y por medio del néctar de ambrosía, en el caso de los griegos, y que lamentablemente, con el transcurso del tiempo y la corrupción de las costumbres, se fue perdiendo y se fue sustituyendo en la medida en que la falsa concepción báquica ocupaba el escenario sensorial de la criatura por medio del vino, luego una corrupción del mal uso de este conllevó el alcoholismo y la drogadicción, quebrando el uso y tornándolo en el abuso que termina por aniquilar el órgano sagrado del cuerpo, el hígado, y el sistema nervioso, centro de la actividad del rayo jupiteriano.

Todo sentimiento de elevación que contribuya a acercarnos a Dios es recordar a Dios. Los patriarcas ermitaños de la Iglesia primera ponen énfasis en recordar siempre a Dios, en conservar su memoria.

Al respecto, Isaac de Nínive (siglo VII) dijo: "Aquél que quiere ver al Señor se aplica a purificar su corazón por un recuerdo ininterrumpido de Dios, de ese modo verá al Señor en todo momento en el resplandor de su intelecto. Como el pez fuera del agua. Él se aparta del intelecto que abandona el recuerdo de Dios dejándose dominar por el recuerdo del mundo".

Y más adelante agregó: "Cuando Dios abra tu intelecto desde adentro y tú te dediques a genuflexiones repetidas, no dejes que ningún pensamiento se apodere de ti, por temor a que los demonios te convenzan secretamente de ponerlo en práctica; luego considera y admira lo que nace de ti de tales cosas".

Las canciones de los trovadores, los trovadores occitanos, las que recordaban las hazañas de los antepasados y sus glorias asociadas a cada mitología o culto sagrado según las tradiciones, aquellos que, como los cátaros, conocían el misterio de la partenogénesis por medio de la cual se procrearon los espíritus, proyectándose materialmente para presentar combate en la batalla metafísica, de aquel pasado glorioso, cuya lengua y melodía se dirigían de manera directa al campo de resonancia morfológico-genética, despertando en los registros la memoria dorada, como aquella flauta que despertaba la hemostasis y sanaba las heridas del fiel Odiseo. Pero, de aquello solo queda el ruido, la música desprovista de espíritu, el puro lamento de pasiones sin sentido, salvo excepciones. Ahora solo se recuerda un pasado inamovible, que, la mayoría de las veces, lleva a la criatura a rumiar sus recuerdos y a engendrar incluso decisiones que conducen al suicidio o a la criminalidad, incluyendo el consumo de ruidos organizados en bandas de *rock*, unas especies de bandidos organizados musicalmente que asaltan el mercado con sus estruendos y escándalos apelando a la irracionalidad de los jóvenes, que ya la muestran a flor de piel, embadurnados de alcohol y droga; claro, así el joven no piensa, actúa sin pensar, es *pensado*, creyendo que está viviendo una realidad que le parece, por su contenido sensual y orgiástico, eterna y repetible en el tiempo y que le ha sido ilusoriamente construida. Así actúa el demiurgo con su corte de gerentes y distribuidores de tentaciones capaces de llevar por su irresistible atracción a las nuevas generaciones ante su mismo tálamo, envolviéndolos en una espiral de placeres que no parece tener fin, con tal de repletar sus arcas de dinero.

¡Sí! Es cierto que simultáneamente a esto sigue la batalla de los hijos de la luz, hurgando en el pasado glorioso, intentando rescatar entre líneas las trascendentales verdades del Indostán, del Egipto de los tiempos primordiales, de la mítica Asgard y del continente Hiperbóreo. Es cierto que aún quedan los ragas de la India sagrada, los cantos de los maestros sufíes, el arte sagrado de Asia y los textos milagrosamente salvados que sobrevivieron a las grandes hogueras, que ex profeso se incendiaron, al igual que en la Biblioteca de Alejandría.

En la actualidad, el debate está planteado entre lo genuino y lo falso, entre la copia y el original. Ya lo advierte el antiguo axioma: "La moneda falsa circula apoyándose en la verdadera". Sin embargo, las fuerzas satánicas de la contrainiciación han forjado sus yelmos y lanzas contra el renacimiento espiritual, resultado de las bodas entre Oriente y Occidente. Han mediatizado a la llamada Era de Acuario, oponiéndole la Conspiración de Acuario, y han logrado sus propósitos desacralizando su contenido. De la física se pasó a la metafísica y estaba claro que la globalización tenía que mundializar el mercado del espíritu, dado que la mundialización del consumo es refractario de un "nuevo orden espiritual", puesto que un mundo que se espiritualiza, consume cada vez menos lo estrictamente necesario.

Al consolidar su poder en estos reinos físicos, los hijos de la oscuridad han construido su propia historia y la han dado por verdadera y oficial, apoderándose de los archivos para manipularlos y distorsionarlos, y en cuanto a los Archivos Akáshicos, los que se encontraban en manos de los egipcios, aunque algunos son conocidos por unos pocos iniciados, el resto permanece aún oculto en espera de que la Era de Orión, que ha sustituido la Era de Acuario[1], manifieste su brazo de severidad y de justicia, y los revele. Aun así, el cine, memoria de celuloide, la TV y ahora el ordenador se han ocupado de filmar, editar y montar otro tipo de memoria, dueños de los medios por doquier, dueños y señores de la distribución de esa memoria, que han perpetrado todo tipo de masacre en nombre de Dios y de la justicia para que memorias como las esenias, las cátaras, las nazarenas, las nazaríes y la ismaelita no den su versión de la Historia. Bien dice el dicho: "La Historia la escriben los vencedores" y, a fuerza de repetición, se

[1] Tema de mi próximo libro *El delfín verde o la era de Orión*.

ha sembrado la duda irracional sobre la de los perdedores, lo que ha hecho que la primera predomine.

Tema de mi próximo libro *El delfín verde o la era de Orión*. Se asociaron a un dios, el demiurgo-Satanás-Yavé, sin misericordia, cruel e implacable, con incondicionales de dudosa moral a los cuales les otorgaba su ciudadanía de "elegido", y crearon el reciclaje del mal, una sociedad-suciedad, en la que las jerarquías, que, supuestamente son los portadores de la justicia, se convierten en sus depredadores. El mal engendró otro mal, el primero se disfrazó de frac; el segundo, con una toga; el tercero, con cuello y corbata; el cuarto, con uniforme y, el quinto, con la pobreza. Así, presidentes, gobernadores, jueces, fiscales, abogados, policías, carceleros deben justificar sus sueldos, la coartada, la delincuencia. La diferencia: una es organizada, y la otra, no.

No cabe duda de que una de las mejores armas es la información, el conocimiento de la verdad, no de lo verdadero, y rescatando la verdadera historia de este infame acontecimiento cósmico. Pero como llegaremos a lo perfecto por medio de la vía de un error irreparable, he ahí la tarea que aún queda por hacer, si no ya como redención colectiva, a estas alturas irreversible, al menos sí individualmente en cada hijo de la luz, elaborando en su laboratorio interior las condiciones que generen el estado celestial, el que solo se alcanza cuando situamos en el trono cardiaco el amor de Jesús, el que al final de los tiempos matará a la muerte, porque el demiurgo no puede resistir la presencia de la misericordia, el sagrado corazón. Ahí es donde debemos entrar, no salir, ese es el reino en el que sus lenguas de fuego no pueden quemar, porque otro fuego superior, el del amor, está en presencia del Altísimo.

Por eso, cuando no escuchamos la trompeta del ángel que nos habla al oído espiritual, o se visualiza en un símbolo de su presencia, se cierra la puerta de acceso a su registro, por lo que nos quedamos fuera del mensaje y no se deja otra opción que el desierto, donde experimentaremos lo necesario para de nuevo aspirar al acceso, tal como el maestro lo experimentó en su aspecto humano durante cuarenta días en la espantosa soledad del desierto y resistiendo todas las tentaciones del demiurgo-Satanás.

En pocas palabras: "La llave no se le entrega al discípulo hasta que esté a la altura de la cerradura".

Cuando llegamos a ese momento, no debemos entenderlo como una forma de castigo: es la reacción de nuestro ego el que nos hace verlo de esa manera. Es, por el contrario, una recompensa a nuestra ignorancia, tozudez, empecinamiento, orgullo exacerbado, ambición desmedida, egoísmo desmesurado. Es, en definitiva, la justa medida de nuestro karma, de lo que se desprende una lección, que en lo sucesivo no deberá olvidarse, una vez que ha sido aprendida, dado que si la experiencia indica que no debes repetir el error, no cabe duda de que cumplir con esa premisa nos liberará de la terrible dentadura de la rueda del karma y, por lo tanto, nos otorgará la llave correspondiente a cada escalón de ascenso para rescatar el ala.

Muy a menudo debemos cruzar el pantano en la batalla metafísica. El pantano es la justa parcela que indebidamente elegimos, es un momento difícil, duro, de prueba extrema, invidente por la bruma de nuestra ignorancia, por lo que tendrás que usar tu visión interna, lo que es peligroso, porque está lleno de trampas cenagosas en las que nuestra fe se hallará vacilante, y de ojos vigilantes, capaces de ver en nuestro fuero interno las excretas morales; de anticiparse para precipitar nuestra acción. Por tanto, habrá que discriminar el ojo del ángel del ojo del demonio. Pero también será un proceso en el que tendremos la oportunidad de purificarnos sin mancharnos el ala.

Así, nuestra misión será atravesarlo con la inmunidad propia de nuestro espíritu, en el que está contenida la omnipresencia de Dios, la omnisciencia manifestada cuando la conciencia crística entra en acción, recto pensar, recto sentir y recto actuar, y evitar con esto el que nos manchemos con las acciones cenagosas que el karma desata. El karma, lastre que impide el vuelo arcano de la conciencia dhármica.

Recuerda que la misión del ángel es mantenerte comunicado con Dios, es la resonancia armónica de la conciencia divina, evitando que seas un contaminado del pantano y que, por el contrario, te conviertas en un salvado de las aguas que nos bauticen diariamente con sus bendiciones espirituosas. A su vez, hay que entablar batalla ante la tentación a la que a diario te incitan los "ángeles" caídos y susurran a tu espíritu las glorias de la bendita semejanza. Es elevarte a su trono aunque no haya llegado tu día. Es hacerte saber que tienes un libre albedrío, extensión de la libertad sustentada en el espíritu de Dios por medio del cual puedes elegir "piensas o te piensan", "reptas o vuelas"... solo así te salvas del pantano.

Una sola vía, *no dos*, un solo sendero, un solo camino. La "y" griega significa dos caminos, el del bien y el del mal, diferente a la "v" victoriosa. Cuida entonces cuál eliges.

# Encuentro con el ala perdida

¿O *misthio* o *doulos*?, dice el maestro.
Mateo, capítulo 6, versículo 24.

"Ninguno puede servir a dos señores porque, o aborrecerá al uno y amará al otro, o se llegará al uno y menospreciará al otro; no podéis servir á Dios y á Mammón".

Así que *misthio* o *doulos*, o siervos a sueldo o siervos verdaderos de Dios, no se puede ser pastor de ovejas y abandonar a las ovejas, porque no hemos cobrado por ello, no podemos dejar a las ovejas en el momento en el que la camada de lobos está cerca y queremos salvar el pellejo, sobre todo cuando, como dice el adagio, el zorro sea el juez, mientras la oveja es juzgada.

El *misthio* se mueve entre la eterna contradicción de la recompensa y el castigo. Sus intereses están por encima de los de Dios. El *doulos*, por su parte, es el siervo que no busca nada a cambio y está tan pletórico de amor que su copa desborda misericordia.

Lo que diferencia a un *doulos* de un *misthio* es que el primero es un siervo cuya voluntad se somete no por ser él mismo el arquetipo del esclavo, sino porque ese arquetipo es el *self*, el mismo Jesús. El servicio es por amor. Son libres, como dice Pedro 12:16: "Libres pero no para la maldad". Es fiel, nunca abandonará el sendero, consulta con el supremo antes de actuar. Una cosa diferente es el segundo, el *misthio*, quien está esperando recompensa y se irá con el mejor postor. El *doulos*, por el contrario, se hace amigo de Dios, ora, labora en su sendero, no divide, ha instalado a Jesús en su corazón, y no a la envidia, al odio, a la venganza, al resquemor. Ese corazón es el sagrado corazón, une, no divide, comprende que solo de esta manera puede encontrar el ala perdida. De ese modo, se va acercando a la presencia de los justos, la presencia, previo paso a la ascensión.

## La vía celeste, el advenimiento de los fieles.

¿Es la mala voluntad de la criatura la que se opone a la buena voluntad de los ángeles? Al menos así lo cree firmemente el Pseudo-Dionisio, lo que nos lleva a preguntarnos: ¿qué papel desempeña la maliciosa voluntad del príncipe de las tinieblas?

Con recordar las representaciones pictográficas del Medioevo, en las que el ángel habla al oído derecho, al tiempo que el diablo lo hace por el izquierdo, lo podremos entender. Estas representaciones son el reflejo –en cuanto a lo real– de que, en efecto, la criatura es un ente atrapado entre paréntesis, que solo puede despejar su buen comportamiento, el cual está guiado por la buena voluntad del ángel o complicarse aún más con la mala voluntad del demonio.

En una carta que sirvió de respuesta y que escribió la monja Hildegarda von Bingen, beata y grandiosa visionaria, al monje Guibert de Gembloux, le narró una bella visión celeste que ilustra nuestra relación con las fuerzas que intentan doblegarnos y el papel del ángel.

Von Bingen indicó:

> “Pero tú, oh, hijo de Dios, que le buscas en la fe y que le pides que te salve, fíjate en el águila que vuela con sus dos alas hasta la nube. Si se hiere una, se queda sobre la tierra y no puede levantarse, aunque con gusto se elevará para volar. Así vuela el hombre con las dos alas de la razón, esto es, con el

> conocimiento de lo bueno y de lo malo. El ala derecha es el conocimiento de lo bueno y, la de la izquierda, el conocimiento de lo malo. El conocimiento de lo malo sirve al bueno, y lo bueno es aguzado y dirigido a través del conocimiento de lo malo, y así el hombre se hace sabio a través del conocimiento en su totalidad.
> Oh, querido hijo de Dios, eleva las alas de tu conocimiento hasta los rectos caminos, de tal modo que aunque alguna vez alcances el pecado desde el sentido, pues has nacido así y no puedes estar sin pecado, no lo cometas nunca desde el consentimiento".

Hay un caso bíblico, similar a la dialéctica del ángel y el diablo, pero, a su vez, es muy ilustrativo de esa manipulación, solo que en este se trata del Dios del Antiguo Testamento, Jehová, muy dado a pactos, venganzas y asociaciones con individuos de dudosa moral, y de Satanás, en este caso, su contraparte.

Esta la encontramos en el libro de Job, que, por su evidente influencia maniquea, ilustra muy bien lo que pretendemos. En la historia, el poder es compartido por un Dios, cuyas decisiones se ven minadas por las dudas que va sembrando Satanás en él. Satanás, el que consciente de su escasa soberanía, y en franca rebeldía por recuperarla, vigila e informa, tienta y ejecuta las incertidumbres que instala con astucia y suspicacia en la mente de ese Dios y de Job, con el objeto de destruir su fe y de hacerse indispensable al poder del otro. Leamos:

Job. Capítulo I:

> 7. Y dijo Jehová a Satán: ¿De dónde vienes?

Y respondiendo Satán a Jehová, dijo: De rodear la tierra y de andar por ella.

8. Y Jehová dijo a Satán: ¿No has considerado a mi siervo Job, que no hay otro como él en la tierra, varón perfecto y recto, temeroso de Dios, y apartado del mal?

9. Y respondiendo Satán a Jehová, dijo: ¿Teme Job á Dios de balde?

10. ¿No le has tú cercado a él, y á su casa, y a todo lo que tiene en derredor?

Al trabajo de sus manos has dado bendición; por tanto, su hacienda ha crecido sobre la tierra.

11. Mas extiende ahora tu mano, y toca a todo lo que tiene y versa si no te blasfema en tu rostro.

12. Y dijo Jehová a Satán: He aquí todo lo que tiene está en tu mano: solamente no pongas tu mano sobre él. Y salióse Satán de delante de Jehová.

Es la misma batalla metafísica de nuestros días, cuando el ego, feudo del diablo nos compulsa –en su transacción diaria– desde el mundo sensorial y nos tienta a realizar acciones que cargan nuestra ánima del denso peso del karma, en cuya reacción él obtendrá su ganancia, mientras que el ser interno, comparable con el ángel, se manifiesta como generación espontánea, y jamás pedirá algo a cambio, dado que su divisa es "haz bien y no mires a quién". Esto, porque es incondicional al amor, sugiriendo, no imponiendo, como voz interior y con luz de sabiduría, el resultado dhármico de nuestra próxima decisión.

En el caso del ego, actúan los sentidos, organizados en una férrea voluntad de caos; en el caso del ser interno, actúa la buena voluntad, que, como un niño, balbucea su sabia orientación (se tiende a no escucharla). Claro, en el caso de Job, hay conciencia del bien. Por lo tanto, entiende, pero no comprende, cómo su Dios, Jehová, lo reta por medio de Satanás, su adversario. En la dialéctica del ángel y el diablo, muchas veces el ángel que se presenta finge estar de acuerdo con el ego, es decir, el diablo tentando. Eso es algo que sucede a menudo, cuando los bajos astrales se visten de ángel y nos distorsionan el mensaje.

Del mismo modo, es muy importante diferenciar con fino tacto espiritual cuándo el ángel se metamorfosea y asume una vestidura muy difícil de establecer. Lo hace cuando quiere probarte y, si no discriminas entre lo que aparenta y su condición real, esto puede significar que no has aprendido la lección kármica que venías atravesando como parte de tu aprendizaje. Entonces no será posible un próximo encuentro hasta que surja una nueva oportunidad.

Al final de la historia de Job, el principio del bien termina imponiéndose sobre el mal que es representado por Satanás, pero en nuestro caso no siempre sucede lo mismo, ya sea porque no escuchamos al ángel, mensajero de Dios por medio de nuestra conciencia, ya sea porque hayamos escuchado al ego, Satán o Satanás vestido de ángel. El resultado será el mismo, bien actúes por ignorancia, bien, por mala fe; el resultado será el mismo. Hay que escuchar al ángel, pero ¿de qué ángel estamos hablando?

## Separando a las ovejas de las cabritas

Hay una diferencia lingüística entre el ángel de los griegos y el ángel de los hebreos. Por ejemplo, la traducción del griego es "mensajero", "nuncio", "embajador" y se escribe "aggelos" (ἄγγελος), y no en el sentido sagrado de seres con alas que son enviados por Dios, con el propósito de anunciar, salvar, proteger o guiar a los mortales, tal como es interpretado en el latín, es decir, con el nombre de "angelis".

Además, en la *Clave de Salomón*, reservorio de la magia cabalística y que el gran historiador judeorromano, Flavio Josefo, menciona como "Obras mágicas" (estas fueron publicadas, en realidad, en Francia en el siglo XVII, a la vez que mutiladas y, por lo tanto, quedaron incompletas, y después fueron recopiladas por el Museo Británico con el nombre de *Las clavículas del rey Salomón*), el autor se refiere a los seres que nos sirven de guía y vigilan por orden de Dios de una manera ambigua.

Cito el texto: "Hay diferentes espíritus, según las cosas sobre las que presiden: algunos de ellos gobiernan los Cielos Empíreos, otros, el Primum Mobile, otros el Primero y Segundo Cielo de Saturno a los que yo llamo saturninos, hay jupiterinos, marcianos, solares, venéreos, mercuriales y lunares; hay también (espíritus) en los elementos tanto como en el cielo, hay algunos en la región del fuego; otros, en el aire; otros, en el agua y otros, sobre la Tierra, los cuales pueden servir al hombre que tenga la fortuna de entender su naturaleza, y saber cómo atraerlos".

Aún más, deseo hacerte entender que Dios ha destinado a cada uno de nosotros un espíritu que nos vigila y vela por nuestra preservación: estos, "y aquí está la ambigüedad", son llamados genios, que son elementales como nosotros y que están más dispuestos a prestar servicio a aquellos cuya naturaleza está formada por el elemento que estos genios habitan; por ejemplo, si tú fueras de temperamento fogoso, es decir, sanguíneo, el genio sería de la naturaleza del fuego y estaría sometido al imperio de Bael. Además de esto, hay tiempos especiales que están reservados para la invocación de estos espíritus, en los días y las horas reservados para su invocación, en los días y las horas en los que tienen poder e imperio absoluto.

Como veréis, fueron clasificados una vez como "elementales", ya que esta categoría no aplica a los ángeles ni a nosotros como criaturas humanas. Luego los calificó de genios y, por último, como comprobarán a continuación, los clasificó como ángeles: por esta razón, dice, en las siguientes tablas, a qué planeta y a que ángel están sometidos cada día y cada hora. Esto, junto a los colores que les pertenecen, los metales, las hierbas, las plantas, los animales acuáticos, aéreos y terrestres, y el incienso, que es propio de cada uno de ellos, así como también dice en qué cuarto del universo deben ser invocados. Nada está omitido, así como tampoco los conjuros, sellos, signos y letras divinas que les pertenecen. Por medio de estos, recibimos el poder para armonizar con estos espíritus. (*Clavícula salomonis*. Del manuscrito Add. 10 862. Traducido del hebrero al latín).

Por otra parte, San Gregorio Magno aclaró lo siguiente: "Es de saber que la palabra ángel es nombre de oficio, no de naturaleza. Aquellos santos, espíritu de la patria celestial, siempre son espíritus, pero no siempre se les puede llamar ángeles, porque solamente son ángeles cuando por ellos se anuncia alguna cosa".

En la literatura hebrea, Yavé aparece en persona por diferentes escenarios, otras veces lo hace un ser divino subordinado a él, llamado mal ak Yavé, que significa el enviado de Dios, aunque la tradición asocia a este doble a un recurso para no recurrir a la profanación contenida no tanto en la multilocación de Yavé, justificada en su omnipresencia, sino al nada virtuoso papel de intromisión humana, similar a las andanzas del Zeus griego.

Cabe preguntar, ¿es en algunas culturas este Dios, el mismo ángel manifestándose por omnipresencia?

En relación con esta pregunta, Carl Gustav Jung dice en su libro la *Simbología del espíritu*: "...en esta regla de desarrollo, según la cual, conforme progresa la religión, ciertas atribuciones de la divinidad resultan indecorosas y se confieren entonces a un ser divino inferior, tiene un papel importante tanto dentro como fuera de Israel...".

El doctor en teología, Antonio Royo Marín, autor de *Dios y su obra*, divide en tres grupos a los seres de la creación. Entre estos, se encuentran los ángeles.

> En la creación universal se distinguen, en efecto, tres grandes grupos de seres:
>
> 1. Los puramente espirituales, o sea, los ángeles.
> 2. Los puramente corporales, o sea, los cuerpos.
> 3. Los compuestos de espíritu y cuerpo, o sea, los hombres.

Más adelante, haciendo referencia "a la riqueza doctrinal del maravilloso "tratado de angelis", en la *Suma teológica*", señaló el siguiente cuadro esquemático que muestra las grandes líneas del "tratado de angelis", según santo Tomás de Aquino, más conocido como el Doctor Angélico, el cual es pilar y capitel de la doctrina católica actual:

> a. Existencia, origen y número de los ángeles.
> b. Las jerarquías angélicas.
> c. Naturaleza de los ángeles (en sí misma).
> d. Con relación a los cuerpos.
> e. Al lugar.

f. Al movimiento local.
g. La inteligencia y el conocimiento de los ángeles.
h. La voluntad angélica.
i. La gracia y la gloria de los ángeles.
j. Acción de los ángeles.
k. Sobre los otros ángeles.
l. Sobre las criaturas corporales.
m. Sobre los hombres.
n. Los ángeles malos.
ñ. La caída.
o. El castigo.
p. Su acción.
q. Sobre los otros ángeles malos.
r. Sobre los hombres.

Así, en la medida en que avancemos, trataremos de explicar cada una de estas funciones, por ejemplo:

¿Los ángeles fueron creados por Dios o ya existían y, si así fue, fueron creados de manera perfecta?

Tuvieron su ser antes que cualquier cosa material, y como emanaciones de Dios, son proyecciones de su esencia, prototipos de Dios; por ende, son perfectos en lo que respecta a un contenido de la conciencia divina, pero no excluidos del libre albedrío, libertad que el mismo Dios no puede negar, porque, si no, se negaría a sí mismo. La ejecución de esa libertad, su uso o abuso determinan su condición de ángel o ángel caído.

Santo Tomás dijo en su *Suma teológica*: "Es necesario decir que lo mismo los ángeles, que todo lo que no es Dios, fue creado por Dios. Porque solamente Dios es su propio ser, y en todas las demás cosas el ser difiere de la esencia, como ya demostramos más arriba. Luego es evidente que sólo Dios es el ser por esencia, y que todas las demás cosas son seres que por participación tienen por causa lo que es por esencia, como toda ignición tiene por causa el fuego. Luego es necesario que los ángeles hayan sido creados por Dios".

Partiendo de ahí, se concluye que, según santo Tomás, los ángeles no fueron creados (*ab aeterno*), dado que hubo un momento en el que no existían: "Solo Dios Padre, Hijo y Espíritu Santo son eternos. Es éste un punto que la fe católica tiene por indudable, y toda doctrina que se le oponga debe ser desechada como herética. En efecto, de tal manera produjo Dios a las criaturas, que las hizo de la nada, esto es, después que no habían sido nada", ídem.

## ¿CÓMO ES EL CUERPO DE ESOS ÁNGELES?

No podemos ver al ángel con nuestros ojos físicos porque nuestros ojos no están preparados para verlo, la luz interior no está prendida para mostrarlo, salvo excepciones, cuando son enviados como mensajeros, por ejemplo, la anunciación a la Virgen María, o como consecuencia del desarrollo y la conciencia de fe de diferentes ejercicios espirituales que recomendamos más adelante. Estos hace que nuestra receptividad al espectro espiritual se acentúe.

Los ángeles no tienen cuerpo, tal como lo conocemos. Las representaciones físicas que han llegado a nosotros son interpretaciones que se han ido modificando de acuerdo a cada cultura. Son producto de la mitología, pintores y escultores, que, con maestría, han intentado reflejar en estos, todas las virtudes celestiales, las cuales son narradas en la literatura patrística.

En realidad, son seres luminosos capaces de asumir la vestidura que necesiten para sostener el *dharma* divino, a fin de que no sea amenazado por los agentes de tránsito kármico de la contrainiciación. Se proyectan en eones, emanaciones, sin que su vestidura de ángel sea perjudicada, una vestidura muy diferente a la de la caída, en la que el demiurgo Satanás les revistió de un doble astral para que luego penetraran un cuerpo físico. En principio, el barro es lo que se llama "la sombra de la sombra".

La santa y vidente Hidelgarda comenta al respecto: "¿Qué clase de cuerpos tenían los ángeles que se aparecieron a Abraham y a los que sirvió sémola, becerro, cuajada y leche, y se lo comieron?".

Haciendo una referencia clara al Génesis, capítulo 18, del versículo I al 8, dijo: "Los ángeles tienen cuerpos naturales como los hombres y como los hombres tienen alma inmortal, aunque no sean hombres. Cambian los cuerpos y los transforman como quieren; cuando quieren aparecer, multiplicando las formas y consolidándolas cuando quieren aparecer. Como en verdad son impalpables por su naturaleza sutil, y para nosotros enteramente inalcanzables, siendo de una simple sustancia espiritual, toman los cuerpos cuando es necesario y, concluido el servicio, vuelven atrás y tienen que disolver el material que habían tomado". (Epistolario de Hildegarda von Bingen. Respuestas a la carta de los hermanos del monasterio de Villers).

El patriarca Henok nos describe sus cuerpos o vestiduras después de que fueron arrebatados a los cielos (capítulo LXX del apócrifo *El libro de Henok*): "1. Después de eso, mi espíritu se escondió y se lanzó a los cielos. Percibí a los hijos de los santos ángeles pasando por un fuego ardiente; sus vestidos (cuerpos) eran blancos, y sus rostros, transparentes como el cristal".

Las primeras razas espirituales eran etéreas, de un color azulado como la llama que produce el gas butano. Representaciones de la iconografía sagrada simbolizan, por ejemplo, a Osiris, en la iconografía egipcia, con ese color azul turquesa en la piel, y en la hindú, a Krisna, con la misma pigmentación, memoria visual de aquellas razas primigenias. La energía *kundalini* es parte de ese cuerpo etéreo. Cuando se visualiza, se percibe el color azul-verdoso, vestigio de esas primeras razas espirituales. Es la misma energía que el demiurgo transustancia y desacraliza al transmutar el *aurum* potable en semen, destruyendo, así, la edad dorada, el Sat-ya- yuga, y degenerándola en la Kali Yuga o edad de hierro actual.

## ¿LOS ÁNGELES ESTÁN ORDENADOS EN JERARQUÍA?

La palabra "jerarquía" proviene del griego *ιερός*, que significa "sagrado", y *άρχή*, "poder". Con el tiempo, ha representado –en cuanto a las jerarquías humanas– la distribución de cadenas de mando en diferentes estratos de la sociedad, incluyendo el filial, por supuesto, o sociedades cuya tradición se vertebra en dichos poderes y el respeto.

Partiendo de mi experiencia, no existe tal jerarcocracia. Hay un poder sagrado, que ha sido otorgado por Dios y el cual es la emanación de su propia sabiduría. Se realiza por medio del servicio. El servidor lo hace para servir. No hay especialidades ni especializados. En el reino celeste, la semejanza es una realidad, no hay estratificaciones. El espíritu despliega su libre albedrío armónicamente. La palabra jerarquía es una aplicación incorrecta a uno de los principios de las leyes de la *Tabla de Esmeralda*, el de "correspondencia", es decir, así "como arriba es abajo, como abajo es arriba".

No puedo imaginar a Dios dirigiendo operaciones, por ejemplo, la clasificación de espíritus, que por provenir de diferentes creencias o por representar disensiones de su obra, queden así expuestas hasta el juicio final, y simultáneamente a Jesús, como un tenedor de libros llevando cuenta de ellas. Si aplicamos esta ley al pie de la letra y no con su espíritu, no queda otra alternativa sino interpretarla como un espejo de otro espejo, el superior o el inferior, o los paralelos cóncavos, o convexos, en los que lo superior se reflejaría en lo inferior, lo que en este mundo mahamáyico no sucede realmente. Y si lo interpretamos al pie de la letra, entonces debemos aceptar que los defectos de un mundo imperfecto se reflejarán en un mundo perfecto y viceversa, incluyendo toda nuestra fauna de defectos y de excretas morales. Esta interpretación de la ley de correspondencia no tiene nada que ver con su contenido. Cuando Hermes Trismegisto la formuló, pensaba en el reflejo del cielo sobre la tierra, por ejemplo, el del Egipto de los tiempos primordiales, reflejo del Egipto celeste, la Jerusalén celeste, en la Jerusalén terrestre, el imperio celestial chino sobre el imperio terrestre chino, apoyado en la arqueometría sagrada y sobre los principios sinárquicos correspondientes, semejantes a la semejanza, una manera de hacernos entender el llamado orden divino, que más que una jerarquía al estilo de nuestras estructuras, es todo un despliegue de virtudes autocontenidas en una sindéresis, es decir, con la justa medida para no desbordar sus contenidos espirituales. Al manifestarse en ellas la omnisciencia de Dios, actúan y se expresan en justa armonía, reflejo del supremo.

Los textos bíblicos y el magisterio eclesiástico no presentan argumentos en relación con estas jerarquías. San Agustín, padre de la Iglesia, se expresa: “Que hay en el cielo tronos, dominaciones, principados y potestades, lo creo firmemente; que se distinguen entre sí, no me cabe la menor duda; pero en cuanto a decir qué son y que se diferencian entre sí..., confieso que lo ignoro totalmente".

Existe un clásico llamado *De coelesti hierarchia*, que es aceptado mayoritariamente por los patriarcas de la Iglesia y los teólogos. Sin embargo, su autoría se le otorga de manera polémica al Pseudo-Dionisio el Areopagita. Aun así, se dice que pertenece a un autor no identificado del siglo IV neoplatónico. El escritor plantea que los espíritus angélicos no se diferencian por su naturaleza, parecidos en esencia, como potestad sagrada con la que han sido vestidos, sino por el lugar que ocupan, la acción que ejercen y la ciencia que poseen. La motivación será siempre la bendita semejanza con Dios. La colaboración entre los llamados coros sería como en una especie de ánima de ángeles que se transmiten lumínicamente por su pureza, la perfección divina, y usando, para ello, categorías como "ángeles inferiores".

Los nueve coros, número de Dios, son divididos, a su vez, en tres superpuestos, es decir, 1-2-3,1-2-3 y 1-2-3.

El primer coro es el más cercano a Dios y, por lo tanto, el más unido a la divinidad. Se compone así:

1. Los serafines, espíritus incandescentes de fuego y amor, con el que inflaman a los demás.
2. Los querubines, llenos de ciencia divina, que reflejan y con la que iluminan a los demás.
3. Los tronos, cuyo nombre designa un estado eminente.

El segundo coro tiene una ubicación intermedia y sirve de enlace, de puente, entre Dios y el tercer coro. Se compone de la siguiente manera:

1. Las dominaciones, espíritus libres de toda opresión que, sin el menor temor para servirle, permanecen solícitos ante Dios. Están continuamente a su servicio y dominan a los espíritus angélicos inferiores.
2. Las virtudes, que dotadas de una fuerte e invencible virilidad, y que se manifiestan en todos sus actos deiformes, impiden cualquier disminución de la luz divina, infusa, y prestan a los "ángeles inferiores" la fortaleza que necesitan.
3. Las potestades[2], que, incapaces de abusar de manera tiránica de su poder y siempre invenciblemente dirigidos hacia las cosas de Dios, prestan a los demás ángeles un concurso bienhechor.

El tercer coro, el más alejado de Dios, también es el más cercano al hombre, y su función más importante es la de ejercer sobre ello su bienhechora influencia:

1. Los principados, que dirigen las obras ministeriales que han de ejecutarse por orden de Dios. Iconografía: vestidos como guerreros, diáconos que están portando una flor de lis[2].

[2] Hay quienes afirman que las potestades "crearon el movimiento", cuando en realidad el movimiento no ha tenido principio, ya que existe en la eternidad. Más bien, las potencias transfirieron el movimiento desde esa eternidad hasta la temporalidad del ser, y aquí no ha habido ninguna creación.

2. Las iconografías han sido agregadas al texto, para que el lector pueda identificarlas y verlas mejor, de acuerdo a la tradición.

3. Los arcángeles, encargados de anunciar a los hombres las cosas más importantes y trascendentales.
4. Legiones que entablaron batalla a los ángeles caídos o demonios. Estos pueden ser identificados, y son llamados santos. Iconografía: guerreros con lanzas o espadas.
5. Los ángeles, que anuncian las cosas de menor importancia. Están más cerca de los mortales y del planeta. Iconografía: suelen representarse como soldados, con vestiduras o túnicas, y palmas de triunfo o velas en la mano.

Lo que es contradictorio, a mi modo de ver, es que en estas jerarquías que están divididas en nueve, número de Dios, y subdivididas en grupos de tres, se admita en la obra de Dios una imperfección asociada a una esfera inferior en la categoría del ángel, debido a que este se encuentra más alejado de Dios y, por ende, de su influencia, y mucho más cerca del hombre y, por consiguiente, de sus imperfecciones. No solo esto, sino que todo parece indicar que dicha imperfección no será superada nunca. Una condición parecida, pero de diferente naturaleza, sucede en la dinámica de la cosmología hindú, en la que el ciclo manvantárico establece cuatro edades, que, en la medida en que se manifiestan, se van alejando del centro o Brahma. Por lo tanto, el hombre, la sociedad, van perdiendo la influencia de las virtudes divinas en la medida en la que se van alejando del centro de la perfección.

En este sentido, Royo Marín concluyó el análisis (sin crítica) de estos coros, jerarquías y dinámicas establecidas por el Pseudo-Dionisio el Areopagita: "Cada uno de estos coros, según su situación jerárquica, posee eminentemente –aparte de sus perfecciones propias– las perfecciones de los coros inferiores, y éstos, sin poder alcanzar la perfección de los coros superiores, procuran imitarlos lo mejor que pueden. El primer coro de la primera jerarquía está en contacto inmediato con Dios, y el último de la tercera está en contacto inmediato con el hombre".

San Gregorio Magno ve la función de los nueve coros angélicos partiendo del contenido de la labor redentora que cada uno de ellos tiene asignada, y no por la naturaleza de estos. Entonces explica esos oficios en el siguiente orden:

1. Los ángeles anuncian las cosas de menos importancia.
2. Los arcángeles, las de gran importancia o trascendencia.
3. Las virtudes realizan milagros.
4. Las potestades mantienen a distancia a los espíritus perversos y les impiden tentar a los hombres partiendo de sus deseos.
5. Los principados presiden a los ángeles buenos, disponen lo que estos han de hacer y dirigen los ministerios divinos que han de cumplir.
6. Las dominaciones controlan de una manera trascendental el poder de los principados.
7. Los tronos asisten a los juicios divinos, sirven de asiento a Dios y son los ejecutores de decretos.
8. Los querubines contemplan más cerca la claridad de Dios y poseen la plenitud de la ciencia.

9. Los serafines se encuentran más cerca todavía de su Creador, con un fuego incomparablemente ardoroso e incandescente de amor.

La misión del hombre deberá ser, según san Gregorio, imitar estos oficios virtuosos en cada acción de su existencia.

Henok señaló, por otro lado, que Uriel, por cierto, no aparece en dicho apócrifo como arcángel, sino como su santo ángel y conductor, y rige a la luna. Él hace que la voluntad de Dios tenga poder sobre todos los astros y regula sus influencias.

## Capítulo LXXIII

Entonces vi otra ley. Consiste en la determinación de los meses lunares; Uriel, mi santo ángel y mi conductor, no me dejó en la ignorancia de nada respecto a ello.

Más adelante en el capítulo LXXVII, Uriel le revela conocimientos que, se supone, fueron conquistas posteriores del hombre, por ejemplo:

Versículo 8: la luna refleja entonces toda la luz que recibe del sol.

> 1. Seguidamente mengua y continúa en su menguamiento el mismo proceso que había seguido en su crecimiento.
> 2. En algunos meses, la luna tiene veintinueve días.
> 3. Hay otros meses en los que no tiene más que veintiocho.

Pero, además, en el capítulo LXXIX, Uriel se revela como profeta a Henok. Leamos:

1. Por aquellos días, Uriel me dijo: "He aquí que te lo he dado todo a conocer. ¡Oh, Henok!".
2. Te lo he revelado todo. Tú ves el sol, la luna y los ángeles que dirigen las estrellas del cielo, que gobiernan sus movimientos, sus fases y sus conversiones.
3. Los días de los pecadores serán acortados.
4. Sus simientes no germinarán en los campos y en las campiñas, los trabajos de la tierra serán trastornados, nada se recogerá de ellos a su tiempo. La lluvia permanecerá en los aires, y el cielo será de bronce.

La jerarquía correspondiente a los seres angélicos que determinó la *kabbalah* hebrea, la que supone un orden de mundos, que va de arriba abajo y de abajo arriba desde Metratón hasta el orden Querubín, pasando por una serie de criaturas entre las que se encuentran los llamados animales sagrados, especie de tótems que son representados en el león, el toro, el hombre, el águila en el *Hajot Hakodesh*, donde mora Miguel; con los ángeles de la alabanza en la cruceta y pilar, Rafael Arlemin, Haniel Aufanim, y Gabriel, escoltado por los ángeles del ministerio de la severidad y los que rigen el ministerio de la misericordia.

En el Génesis I, las criaturas aparecen divididas en niveles, según un orden prestablecido. En este, por ejemplo, los peces, en este caso, del mar, se corresponden con los ángeles de Yezirah, y las aves del cielo, con los arcángeles de Beriah. Además, hay una alta jerarquía que se halla dentro de un consejo interno, en el que se encuentran los más elevados espíritus de la creación, entre ellos Gabriel y Miguel, los cuales están supeditados por Metatón. Este se comunica, a su vez, con Sandalfon en un plano sefirótico de Tiferet, que correspondería a la psique humana.

Se trata de creaturas y criaturas que conforman un entramado de funciones muy parecidas a las de un sistema parlamentario. No por gusto, en la cábala existe una jerarquía parlamentaria en la que Keter está representada por la corona, en caso de monarquía, con las dos columnas masónicas, Jakin (Chokmah) y Boaz (Binah), una que atañe a la sabiduría masculina, y otra, a la inteligencia femenina. Son paralelas a la corona, y a esta última corresponde la columna central o la de la fuerza. Si, por otro lado, se trata, más bien, de una república, con el primer ministro, el presidente y los parlamentarios, estos están distribuidos, en su mayoría, en hemiciclos de siete brazos que rememoran la menorá.

Los *tachutonin*, que moran en las esferas inferiores, no tienen conciencia o no suelen comunicarse con las esferas superiores y, en las menores, tienden a no comunicarse con las esferas superiores. En la de los *elohines*, como tienen voluntad propia, actúan automáticamente con una información limitada. Son seres atrapados en ADN astral, cuyos vasos conductores se comunican por medio de una energía serpentina, denominada "rayo", en la que solo un "elevado estado de conciencia" y unas condiciones litúrgicas especiales pueden hacer que el practicante lo sienta.

Estas esferas funcionan como especies de arquetipos esquemáticos. Entre los más conocidos se hallan el del bien, el ángel, y el del mal, el diablo, que muestran sus matices según se van moviendo de una esfera a otra, desde Malkut hasta Yesod, desde este último hasta Hod, o hasta Nezah, pasando por Tiferet, pero por medio de Geburah, Hesed, Daad, abordando el triángulo superior por Binah; Hokhmah, hasta Keter o viceversa, en la medida en que la conciencia de su practicante asume sus acciones, voluntariamente si es uno como tal, o de manera inconsciente, asumiendo el desbalance o exceso de funciones que produce el peso de sus acciones.

Hay un aspecto nigromántico de la *kabala* hebrea, que combina la sangre como ánima y el uso de rituales con sacrificios de animales; dichos rituales se asemejan a la santería afrocubana o afroantillana. Incluso existe un tipo de maldición, denominada "pulsa denura", que puede ser fatal para su destinatario.

Por lo demás, existe un método devocional que implica la sumisión a Dios; ello, en una especie de código de conducta por correspondencia entre los diez mandamientos y las sefirás. De acuerdo con su orden, estos son: Abraham e Isaac están representados en Hesed y en Gevurah, como relación entre el amor y el temor, incluyendo la obediencia de Abraham a Dios en el monte Moriah; o Jacob, Israel, representado en Tiferet, mientras Moisés y Aarón lo hacen en Nezah y en Ho; José estará representado en Yesod, y David, en Malkut.

*Kabala*, *kaballah*, *qaballah*. Esta hermenéutica es más antigua que los hebreos, a quienes se les atribuye su invención. No obstante, los hechos históricos nos dicen que la palabra *kaballah*, lejos de significar "tradición", quiere decir "recibir de Dios". Fue creada por los Hermanos de la Sinceridad o de la Pureza, los Ikhwan al-Safa, que elaboraron los ocho elementos o sefirás. Sin embargo, un filósofo judío del siglo XI las llevó a diez. En la *Enciclopedia judía* dice: "No cabe ninguna duda de que el estudio de la gramática árabe y los significados de las palabras son la base del uso de palabras en la cábala para fines místicos. La gramática árabe fue el modelo de la gramática hebrea".

Recordemos que la *kabala* hebrea manipula las palabras cambiando sus potenciales numéricos, ya que cada letra está potenciada por un número y viceversa, y en los trabajos *kabalísticos* se realizan trabajos de magia, para lo que se emplea la *temurah*, la *gematria* y el *notarikon* o *nutrikum* (ver *Apocalipsis según Ramses*).

Lo extraño y confuso es que, aunque el hijo Dios, llamado Jesús, prexistía antes de ser el Cristo en Dios, y los patriarcas, cuyas existencias han sido relacionadas simbólicamente con las sefirás, se manifestaron en sus funciones después de la "creación" y, por tanto, antes del advenimiento del maestro, excluido del triángulo superior de este orden jerárquico, y es que se sabe muy bien sobre el gran debate que sigue aún en nuestros días acerca de la no aceptación de los judíos para con Jesús como el verdadero mesías.

Como vemos, las funciones de estos seres celestiales varían de acuerdo con cada cultura, tiempo y funciones religiosas. A continuación, analizaremos dos de estas categorías, según el origen lingüístico y cultural, con el fin de ver la manera en que se fueron transformando, adaptando y manipulando al paso del tiempo y por cada uno de los intereses involucrados, ya sean estos como religión de Estado, teocracias u organizaciones eclesiásticas con más o con menos influencia en el poder, como álter ego de sistemas representativos dentro del contexto cultural, político y social, y aún latentes en el inconsciente colectivo. Por ende, todavía están vigentes. Comencemos por los serafines.

Es posible que el vocablo *seraphim* provenga del acadio *sărāpu*, que significa "encender", "quemar" o "mordedura ardiente"; también el de *śārāf*. Otro origen por tener en cuenta es el del egipcio tardío *srrf*, equivalente a "serpiente", "dragón", "grifo", mientras que en el hebreo está el vocablo *śe" īrīm*, entendido como el macho cabrío, es decir, seres asociados al demonio.

La cualificación celestial de la que gozan actualmente puede ser tardía, ya que su naturaleza demoniaca se hace ilustrativa en el *Libro de Isaías* (capítulo XIII, versículo 21) como sátiros. Se trata de figuras zoomórficas, consideradas deidades demoniacas, y está prohibido sacrificarlas (ver Levítico XVII) o en condiciones de petrolearías en II crónicas XL, versículo 15.

Hoy son considerados como el mayor orden de la jerarquía celestial. Rodean el trono de Dios, luz, amor y fuego, y están en constantes alabanzas. La iconografía los representa con tres pares de alas que tapan sus caras, alas y pies, y a diferencia de cómo eran vistos en la literatura preyaveísta, la evolución de un principio pagano a uno no pagano debió sufrir sus adaptaciones, tal como sucedió con la hebreobabilónica, la grecorromana o la judeocristiana y sarracena. Algunos fueron adaptados; otros, aceptados plenamente, y otros deidiciados.

Jung, por su parte, analiza el aspecto de los serafines en su libro *Simbología del espíritu*. En el capítulo pertinente a la aparición de los *benē hā-´Elōhīm* (el vocablo significa "hijos de dioses" o seres engendrados por los dioses), según la hipótesis de Gunkel, en su Génesis Kommentar, pero Jung hace referencia a otra hipótesis.

De acuerdo con esta, debe verse a los *benē hā-´elōhīm* como "seres pertenecientes a la categoría elohim". Asimismo, Bernhard Duhm llama *ben hā-´elōhim* a "un individuo de la esfera divina". Más adelante concluye que los *ben-hā-´elōhim*, los hijos de Dios, son, por ende, seres divinos, individuos de la esfera divina", parte de la sustancia de Dios. De la misma manera, puede designarse a los *mal"ākīm* como expresión mitológica de aspectos esenciales de la divinidad. Pero, mientras tanto, *mal"āk*, aparece, en ocasiones y en cierta forma, como Dios mismo en la realización de ciertos actos divinos.

Los *benē hā-´elōhīm* siempre están cerca de Dios. Son, en cierto modo, la sustancia existente en el ámbito interior divino y se reparte entre sus diferentes elementos. Esto se pone de manifiesto en el hecho de que rodean a Dios en forma de "asamblea celestial".

¿Y por qué traemos a colación esta idea? Pues, para demostrar la contradicción que existe entre unos querubines paganos y los mismos querubines convertidos. Así, Jung señaló: "Históricamente el proceso puede concebirse, como ya se ha señalado en otra oportunidad, considerando que la figura divina de Yavé concentró en sí una multitud de deidades, anteriores precisamente a todas las fuerzas naturales hipostasiadas. Después de éste proceso inicial de fundición, estos seres divinos pasan a constituir elementos de una nueva estructura y encuentran en ella su lugar. El cuño histórico que procede de un antiguo sistema de relación adquiere, en el nuevo proceso de relación, un nuevo aspecto o sufre una reacunación total. Precisamente en el ejemplo de los *benē hā-´elōhīm* (y también en el del *sebā"haš-šamaim* que significa ejércitos celestiales o del cielo) se demuestra el interesante hecho de que conceptos prohibidos y combatidos en todo el Antiguo Testamento por tacharlos de idolatría aparecen después "legalizados", cuando en determinados momentos del yavismo, inconscientes en cierta medida, pueden ser absorbido sin provocar fricciones, en forma de imagen adecuada a una circunstancia especial en el proceso del desarrollo del yavismo. Así, mientras por un lado se rechaza la adoración de los astros como idolatría, por el otro se acepta desde una época muy primitiva la imagen del ejército celestial (Josué V, 14; I Reyes XXII, 19). Debemos aceptar, con fundamento, que las imágenes de la corte celestial y del consejo divino solo pudieron ser aceptadas por ser necesarias como mitologemas adecuados al proceso de diferenciación divino interior que se iniciaba. Se presenta, hasta cierto punto, como derivada del campo de las concepciones babilónicas-cananeas que fueron adoptadas inconscientemente al establecerse en Canaán".

Esta adaptación se produjo en los tiempos del exilio babilónico. Jung termina diciendo que "los serafines que rodean el trono divino en la teofanía de Isaías, capítulo (VI), y que se corresponden a los *benē hā-'elohīm* de los pasajes citados, se reconocen como deidades animales mitológicas definidas".

## Querubines

Partiendo de la tradición, son guardianes de la gloria de Dios, y su significado actual es "rebosantes de sabiduría", "plenitud de conocimiento". En civilizaciones como la babilónica, anterior a la cristiana, eran representaciones mitológicas que se manifestaban por medio de las nubes de tormentas y el relámpago, el querubín con la espada en la mano, la espada flamígera, que divide el bien del mal, y que impide el retorno al paraíso, una vez que ha sido expulsada la raza adámica o Adán y Eva. En algunos pasajes bíblicos, como en Exequiel X 2, se representan como vigilantes

Jung citó a H. Vincent, quien en la *Revue biblique* citó, a su vez, a Paul Humbert en *Études sur la récit, du Paradis et de la chute dans la Genèse en Memoires*: "El querubín corresponde al kâribu o karibati, proveniente de la raíz asiria kārabu, equivalente a los que bendicen en el caso del primero y a bendecir en el caso del segundo, también corresponde al kâribu de Mesopotamia, la espada flameante al rayo que impide el acceso a determinado lugar y que es equiparable al lamassu (lahmu). La iconografía actual lo representa en forma humana en posesión de dos alas".

El querubín está relacionado con el fuego como amor, como iluminación; el fuego centinela, la llama discriminatoria que separa lo bueno de lo malo y a la paja del trigo, en ese afán de oposición de la voluntad mortal que se opone, asimismo, a la voluntad divina. En ese sentido, su espada flameante se interpondrá en nuestro camino cada vez que nuestra voluntad, o mala voluntad, se oponga a la voluntad divina, o buena voluntad. Y, en ese mismo sentido, debemos interpretar las muchas veces que testaruda, tozudamente, queremos imponer nuestros estilos, costumbres, emociones, criterios y carácter, poniendo nuestra voluntad por encima de la de Dios. Entonces, nuestra voluntad se destroza frente a la realidad, que no viene a ser más que el fracaso de nuestra ilusión.

## LA CONTRAPARTE *HOMUS* DEMON VS. *HOMUS DEUS*

Demonio o *daimon*, *diabolos* o diablo, *kakodaimon* eran las entidades espirituales conocidas por los griegos. La Biblia fue traducida del arameo, dialecto que hablaba Jesús, y que sustituyó al hebreo desde el siglo IV al convertirse en una lengua de liturgia; también sustituyó al griego.

Para los hebreos, "Satanás" significa "adversario". Hay dos versiones: la primera, que se deriva de satán, *setam* sirio o el árabe *satana*, es decir, el adversario, el que se opone, lo que marcha hacia adelante.

Asimismo, existen otras dos palabras, también de origen árabe, que se encuentran vinculadas a este ser en el Corán. Se denominan "saitan" e "Iblis". Están relacionadas con el diablo o el ángel caído. La otra raíz de esta palabra podría hallarse en el antiguo sánscrito del *sat-Ananda* o camino a través de la verdad, lo que parecería una contradicción con la característica cristiana que se le otorga de ser el "príncipe de las tinieblas, el preceptor del mal y, en el caso del demiurgo, el ente platónico, con capacidad de crear".

Algunos criterios de demonólogos dicen que él mismo no tiene retorno y que se fagocita en su propia creación. Otros señalan que tiene el derecho de regenerarse por su calidad antes de la rebelión del "príncipe de la luz". Si eso es así, hasta ahora no lo ha demostrado, sobre todo después de haber asumido la jefatura de "príncipe de este mundo", un ser desprovisto de misericordia, que batalla demencialmente por mantener su mahamáyica creación, cuyo objetivo fundamental es gritar "¡Dios ha sido ejecutor!" desde su manicomio sideral, el "planeta Tierra".

A la entrada del último milenio, no ha dado indicios de arrepentimiento, y ha llevado a la catástrofe (al cataclismo) a la criatura en trance de ser un ser humano, después de que el concilio de Constantinopla lo declarara eterno en el 547.

Por otro lado, varía la forma en que esta entidad nos agrede. Hay casos de posesión, para los que se hará necesario el exorcismo, y hay casos de obsesión, pero los que más ocurren son los de la tentación y el engaño. El poeta francés Charles Baudelaire dijo: "La más hábil de las astucias del Diablo consiste en convencernos de que no existe".

Lo más importante en esta diversidad de trampas a las que tiende este oscuro ser es diferenciar cuándo está presente el mal vestido de bien y cuándo está desnudo. Cuando esto último sucede, quizá sea muy tarde, porque ya fuimos suficientemente engañados por la primera de las trampas, el lobo vestido de oveja, que luego se erige en su juez. Cuando el mal se encubre, es mucho más difícil detectarlo que cuando ya se expone. Otras trampas radican en que tiene la capacidad de presentar efectos mentales, haciéndolos ver como efectos espirituales, y de confundir mediante milagros donde no los hay, o sea, el culto al misterio y a lo oculto, donde sabe que la criatura puede ser atrapada con facilidad. Cuando no, nos castigan utilizando uno de los mecanismos psicológicos más destructores con los que manipulan a la criatura: el complejo de culpa.

La hipocresía, la alevosía, la infidelidad, el odio, el egoísmo, la envidia, la avaricia, los celos, el resquemor, el miedo, la pasión exacerbada, la lujuria, la perversión, la angustia, la irresponsabilidad, el orgullo excesivo, la cobardía, los vicios; en fin, todas las aberraciones, en general, son los ingredientes del caldo de cultivo satánico. Todas limitan la libertad y nos hacen esclavos del infierno mental al que nos somete, llevándonos a situaciones peligrosas, "donde, si te das por vencido, si te resignas, dará lo mismo, pues nos puede reciclar de nuevo". Todo esto podría conducirte, primero, al suicidio como clase social y, segundo, al suicidio físico. Y como la muerte te ha matado, no has muerto por muerte natural, la confusión y la angustia que ha generado sirve para atraerte de nuevo hacia una de las matrices que vuelven a dar acceso a este planeta, para reingresarte por medio de un accidente espermatozoide-óvulo y de la evocación, invocación y provocación de los pares de opuestos, que irresponsablemente no reconocen que están atrapando, a través de su egoísmo, a otra alma en una genética átomo-microbiana-celular.

Pero estos síntomas se han generalizado en la sociedad y están profundamente anquilosados en el inconsciente colectivo. Debido a ello, cualquier virtud puede reinvertirse y convertirse en vicio, y cualquier vicio, activarse aún más, porque Satanás vive en la irracionalidad de ese inconsciente, mas, en gran medida, esa irracionalidad se encuentra alojada en muchos de los que dicen ser representantes de la "racionalidad más rancia", vestida de cuello y corbata, y de instituciones políticas, sociales, económicas, y detrás de suntuosos e impresionantes edificios. Dicha irracionalidad suele sublimarse organizadamente en los grandes juegos de gladiadores modernos, en los que la masa pierde todo sentido de individualidad y responsabilidad, y en los que la furia y la frustración han desatado más de una vez la violencia en estadios y centros deportivos, discotecas o salones de bailes. Otras, por medio de la guerra solapadamente preparada por los "vehículos generadores de conflictos", las grandes epidemias que hoy diezman a pesar del "progreso médico", o como producto de las manipulaciones genéticas.

Por otro lado, la tecnología y su casta sacerdotal, los tecnócratas, han establecido una gran alianza con el capital y los políticos, y no han dejado otra alternativa que la robotización cibernética, de la tercera naturaleza artificial sicocibernética, con su gran maestre "el estado visual", la televisión, el cine y el ordenador o computadora, que condiciona el consumo exacerbado y prepara psicológicamente a dicha violencia, y que han generado con sus reportajes naturalistas un estado de insensibilidad que permite compaginar un apetitoso plato de comida con la ejecución de un oriundo en Ruanda. Todos estos causan una conciencia diabólica, toda una invasión nociva que, junto a alimentos alterados, son una perversión contra las leyes biológicas, por lo que han ocasionado, además del estrés, una serie de cataclismos viscerales y enfermedades nunca antes vistas, que, como ya advertimos, hacen que la muerte te mate, porque ya no mueres patriarcalmente en tu lecho, rodeado de los tuyos y en la paz que despierta el espíritu anhelante de la transición a otras moradas, donde el cuerpo físico, ya cansado y deteriorado, desea abandonar la forma, pues, repito, la muerte te mata entre tubos y equipos artificiales.

Por último, el demiurgo-Satanás intenta ganar su batalla contra los hijos de la luz mediante la creación de una de sus últimas realidades factuales, "la realidad virtual". Con ella, pretende sumirte en un mundo de sensaciones y de informaciones sublimes que te preparen para la colectivización y mundialización de la robótica biológica de la tercera naturaleza artificial.

Es hora de romper los esquemas que permanecen anquilosados en la realidad de la existencia de Satanás o de las conductas satánicas. Esos que se contentan con decir que estas son más bien aisladas y que no hay suficiente prueba para demostrarlo, necesitan ver que las tragedias que se presentan a diario en los noticieros de televisión alcancen niveles de cataclismo y que sean masivos para reaccionar contra la conciencia satánica de la contrainiciación. Los noticieros, los periódicos, son hoy portadores de más malas noticias que los profetas reconocidos. El antihéroe triunfa como arquetipo, así como también lo hace el andrógino, porque la propaganda sobre el horror al absolutismo como sistema político y social lo ha llevado muy lejos, a la "satanización", tan lejos y a tal grado que se prefieren y se toleran las tendencias maniqueas modernas de compartir el bien y el mal, y todas se tiran en la mezcla tóxica y nociva del relativismo.

De este modo, los principios de Dios, la familia y la patria, antiguos baluartes, virtudes incorporados durante siglos de decantación del barbarismo, se satanizan ahora bajo etiquetas, que, como marca de bebidas, el consumidor puede elegir; no importa si es "lo bueno o lo malo".

Recuerda, pues, la promesa del demiurgo a los ángeles rebeldes: "Vuestro Dios les da solo como alternativa el bien. Yo os ofrezco dos, el bien y el mal. Y como en estas historias donde se difuminan los límites entre lo esotérico y lo exotérico han existido y existen individuos que usaron su capacidad para generar soberanías, para sus propósitos personales y de dominio, interpretación individualista de la historia, contribuyendo de manera denodada a esa satanización. Hoy estas sociedades agonizan, debido a los nuevos experimentos sociológicos de los militantes de la globalización. Formas de vida realmente decadentes y ateas reducen el cuerpo a un culto del placer físico y sexual, sin tener en cuenta reglas éticas y morales, no importa, dicen; el cuerpo ya está condenado, el cuerpo no es lo esencial para Dios, lo que es cierto, pero no a la manera que preconiza la contrainiciación, prostituyéndolo, destruyendo con la mala calidad de vida; también los vicios destacados como virtudes en la "sociedad moderna" y, solo aquellos que no ven la vinculación tan estrecha que existe entre el recto pensar, el recto sentir y el recto actuar, desconocen el karma que en su mochila están cargando".

¿Qué es la familia para la "nueva sociedad"? Es un núcleo económico que apenas se bate en retirada. En las sociedades cada vez menos tradicionalistas, la familia goza ahora de más televisores en casa, que permiten que los jóvenes y algunos adultos aficionados vean la telebasura, mientras otros, cada vez menos, optan por programas de tesis, lo que ayuda a valorar y hacer que nuestras ideas fijas evolucionen, para, así, poder pensar con más criterio y justicia.

La memoria cibernética, la ideológica, la de Estado frente a la ancestral y a la de Dios, invocando en el triunfalismo de la genética, de la clonación, del gen de la eternidad, la búsqueda del placer, el olvido de Dios, lo que equivaldría al triunfo del satanismo.

No quiero pasar por alto una cita extraída del libro del novelista ruso Vladímir Volkoff, y cabe destacar que comparto su opinión. Dicho extracto es señalado como un "reglamento de la contrainiciación" en su obra *El montaje* y fue citado, a su vez, en la de Jean Robin: *Las sociedades secretas en la cita con el apocalipsis.*

El autor ruso habla de una especie de círculo secreto dentro de la antigua KGB, cuyos miembros se llamaban Sombreros Escondites. Estos se regían por una tabla especial como ley. A continuación, estos son sus mandamientos:

- Desacredita el bien.
- Compromete a los jefes.
- Quebranta su fe.
- Utiliza hombres viles.
- Desorganiza a las autoridades.
- Siembra la discordia entre los ciudadanos.
- Excita a los jóvenes contra los viejos.
- Ridiculiza las tradiciones.
- Perturba el aprovisionamiento.
- Haz escuchar música lasciva.
- Desparrama la lujuria.
- Desembolsa (equivale a sobornar).
- Ten información.

¿Podrá existir un reglamento más satánico que este, regla de oro de la contrainiciación?

## ¿LOS ÁNGELES CONOCEN EL FUTURO?

Se supone que una legión de ángeles trasladó la casa de la Sagrada Familia desde Nazaret hasta Croacia, pero, más específicamente, a Susak. El objetivo era protegerla de la destrucción, debido a invasiones mongoles o turcas. Posteriormente (y, al mismo tiempo, con anticipación), otra legión de ángeles la trasladó (por la inminencia de que los turcos conquistaran Croacia) hasta Loreto, en Italia, donde hoy está bajo custodia de la Santa Sede.

Pero se sospecha que estas acciones provinieron más de informantes de carne y hueso que de estos seres etéreos, aunque como anunciadores y embajadores de Dios, pueden tener conocimiento de lo que ha de acontecer por revelación divina. Así, saben acerca del juicio final, en el final de los tiempos y sus señales, pero no exactamente el momento en el que se producirá el desenlace, y como vemos en el apocalipsis, los ángeles abren los sellos que dan acceso a los acontecimientos futuros.

## ¿Qué pasa con el ángel si tú reencarnas?

Si tu ángel es tu guardián, él debe custodiarte siempre.

¿Pero qué sucede cuando tu espíritu, una vez que ha sido abandonada la envoltura corporal, tiene que traspasar la puerta entre la existencia y la muerte? ¿Debe el ángel seguirte como Eurídice lo hace con Orfeo para salvarlo del averno?

El ángel como emanación de Dios tiene un cuerpo dhármico, es decir, de virtud inmanente, no se contamina, es un espíritu excelso, puro. Por medio de sus emanaciones, te enteras de lo que es y de lo que no es, o sea, del absoluto y de la ilusión. La rebelión fue una excepción, el mal uso y el abuso de su libre albedrío. Sin embargo, eres tú quien, a fin de cuentas y usando tu conciencia angelical, puedes activar los mecanismos de la liberación o agregar un eslabón más a tu cadena.

Hay una copa llamada "copa de la justicia". En esta se mide la suma total de tus acciones. Si la desbordas, la trompeta anterior que te advirtió del efecto nocivo de ello se escuchará de nuevo en tu conciencia. En otras palabras, rectificas o acumulas karma. Así que cuando el molde de tu cuerpo físico llega a su destino de forma, la muerte, el cúmulo de tus acciones, en cuanto a pensamientos, sentimientos y comportamientos, serán pesados en la gran balanza que decidirá qué sendero tomará tu transferencia de conciencia.

Diferentes teologías exponen ese momento crucial, bien sea en la egipcia, por medio del *Libro de los muertos*, bien sea en la cristiana, con la resurrección y el juicio final, bien sea en la tibetana, con el *Bardo thödol*, conocido como *El libro tibetano de los muertos*, paradoja evidente, ya que su título original no se traduce en la palabra "muerte", sino todo lo contrario; en otras palabras, como la guía espiritual para la liberación, como aclara el lama Anagarika Govinda en su prefacio de la edición de "esoterismo", del mismo título: "No es una guía de muertos, sino una guía de cuantos quieren traspasar la muerte, metamorfoseando su proceso en un acto de liberación".

Lo que sucede, de acuerdo con esta magnífica obra, es que cuando llega ese momento, otras entidades espirituales como la comunidad de afectos cultivada durante la existencia, por ejemplo, miembros de la familia o los amigos, se encargan de recibir al emigrado, mientras un lama sirve de guía orientando al espíritu en su liberación de la carne desde esta dimensión física, auxiliándolo por medio de oraciones e indicaciones precisas al oído, midiendo la calidad del karma por la forma en que el hálito ha penetrado en el canal lateral de la derecha o de la izquierda y se fuga, y cuando cesa la respiración exterior por medio de cualquier otro orificio.

En ese momento aparece una luminosidad. Al emerger la conciencia del difunto, este no sabe todavía si está muerto. Como el oído es el último sentido que se pierde, oye las lamentaciones y llantos de familiares y amigos cercanos. Sin embargo, aún no han surgido lo que los lamas llaman las "violentas apariciones", producto del karma y el temor a los emisarios de la muerte. Entonces es cuando se deben dar las instrucciones para que el espíritu no se extravíe y vuelva a reencarnar. Como vemos, para los tibetanos, el lama viene a ser una especie de conciencia angélica que guía al espíritu en su viaje.

La categoría más cercana a la angelical dentro del budismo tibetano son los *lha*, la que atañe a un Ser con un grado de existencia en una espiral de ascensión espiritual que es superior a la de los hombres, un *lha*, un *bodhisattvas*, o *jinas*, llamados vencedores de la ignorancia, que se presentan en uno de los aspectos de la liberación que es denominado "el de la visión profunda", respectivamente al de los *devas* angelicales en la religión hindú, que es similar, a su vez, a la del ángel del cristianismo, aunque estos últimos cubren otros aspectos como el de la ascensión que veremos más adelante, mientras que la función de los primeros se pliega en varios espectros, tales como el de guardar el espíritu de ciertos lugares sagrados, como *genii loci*, o el de beatitudes consagradas a la realización, tales como los *boddhisattvas* o los *dhyani budas*, teniendo como misión básica mantener el *dharma* lo más elevado a la verdad, la ley que sostiene la virtud inmanente.

Por cierto, en esta cultura, el ángel está vacío de pasión, a diferencia de Satanás. Este vacío es interpretado, de acuerdo con los vedas, como un *agnishvatta*, un vacío de fuego, en comparación con el ángel caído, un *barhishad*, un poseído del fuego de la pasión. El primero conserva el estado puro y divino; el segundo, no. Las primeras son emanaciones primordiales; las segundas perdieron su condición.

Partiendo de la tradición patrística, otras de las funciones de los ángeles es la de encargarse de la ascensión. La ascensión es lo contrario a la caída. En la primera, los ángeles ayudan a trasladar al cuerpo de luz espiritual hasta la morada de Dios; en la segunda, el ángel cae y pierde su condición de no nacido. Generación tras generación, después de la gran rebelión, la criatura sigue repitiendo el proceso. En la salida del niño por el vientre de la madre, por medio del canal vaginal, se hace simbólica la caída y, cuando, por lo general, la criatura nace "normal", lo hace en forma de seis, la inversión del nueve, es decir, *homus demon vs. homus deus*. El nacido de la sangre debe renacer por medio del bautismo o de la iniciación, para que, de acuerdo con sus acciones o pecados, ascienda, o caiga otra vez (karma), en un nuevo trajín manvantárico de la rueda del *samsara*.

¿Cómo los ángeles intervienen en esta ascensión? Vayamos a la vivencia de los padres de la Iglesia en la *Historia de la literatura patrística*.

Gregorio de Nisa nos lo describe así: "El pleroma de todos los ángeles adora a aquel que viene con el nombre del Primogénito. Exulta por el nuevo llamado a los hombres, por el cual, gracias a Aquel que ha venido a ser el Primogénito de entre nosotros, son vueltos a llamar a la gracia original. Pues hay alegría en los ángeles por aquellos que han sido salvados del pecado".

Esta alegría de los ángeles ante el regreso de la oveja perdida, que se celebra con la ascensión, no alcanzará, empero, su plenitud, sino en la parusía: "Hacia [esta] no cesan de estar tendidos y a la expectativa por nosotros, y hasta que la oveja salvada sea reunida a la santa centena, la oveja somos nosotros, la naturaleza humana que el Buen Pastor ha salvado al hacerse Primogénito de ella. Pero cuando llegue ese momento, de manera eminente, en una ferviente acción de gracias por nosotros, presentarán su adoración a Aquel que, por medio de su Primogénito, ha llamado de vuelta a aquella que se había extraviado del hogar paterno".

Cuando el espíritu abandona la morada material, si aún está envuelto por el ánima emocional, por el cuerpo astral, un intento de réplica del espíritu no podrá iniciar el retorno. Solo tu conciencia angelical, poseyendo la beatitud transmutada, en otros casos, en la santidad, te sirve como guía a la morada de Dios. Para lograr la ascensión, necesitas recuperar el "ala perdida", el diálogo con los ángeles. Para ello, debes preparar tus nupcias con Dios, tu salvación. Al igual que el Señor realizó sus bodas sacramentales, tú también debes hacerlo.

En este sentido, Gregorio de Nisa señaló: "El precepto evangélico nos compara con los ángeles cuando dice: "Sean semejantes a hombres que esperan a su señor cuando regresará de las bodas", y más adelante destacó: "...los ángeles aguardaban el regreso del Rey que hacía ascender a la iglesia a la bienaventuranza que era la suya propia".

La ascensión es muy diferente a las experiencias narradas en la Biblia y los apócrifos, y esta fue denominada el "arrebato", en el que el santo es elevado con su cuerpo físico al cielo, como en el caso de Exequiel, Henok. Capítulo LXIX, apócrifo *El libro de Henok*:

> 1. Sucedió luego que su nombre (Henok) fue elevado en vida, ante este Hijo del hombre y ante el Señor de los espíritus, lejos de los que viven en la tierra.

2. Y fue arrebatado por el carro del viento y el nombre (de Henok) desapareció entre ellos.

3. A partir de éste momento, ya no estoy entre los hijos de los hombres, sino que Él me puso entre dos espíritus, entre el septentrión y el occidente, donde los ángeles habían recibido las cuerdas para medir el lugar reservado para los justos y para los elegidos.

4. Allí vi a los primeros padres, a los santos que vivían en esos hermosos lugares por toda la eternidad.

La otra es cuando la persona fallece y lo hace dentro de los parámetros sacramentales. Existiría una, por el contrario, de carácter metafísico, similar a los viajes astrales, o por las puertas sotíacas, tal como la conocía la teúrgia egipcia en el viaje del *Ba* del faraón.

No tienes que esperar a morir para desarrollar las virtudes inherentes a la conciencia angélica. Más adelante encontrarás modos, ejercicios espirituales, que te pueden ayudar a hallar el ala perdida, pero esto también depende de los patrones o arquetipos de conducta con los que te has identificado en la vida. Por otro lado, el ángel también es, psicológicamente hablando, un arquetipo, mas el demonio es, asimismo, un arquetipo. Táchalo de tu agenda y busca ser el reflejo de la bendita semejanza.

Cuando el espíritu abandona la morada material se hace imprescindible desprenderlo de su envoltura o ánima emocional. El cuerpo astral es una prisión demiúrgica, una "réplica" del espíritu". Si esta ruptura no se produce, no podrá iniciar el retorno. Esta es una preparación que debe comenzar desde que se tiene conciencia de estar en la existencia, de modo que la sabiduría del espíritu te guíe en el desprendimiento. Más adelante hablaremos de esto a fondo; lo importante es no volver a caer atrapado por las formas demenciales que se presentan como proyecciones de nuestros propios miedos y reconocer a aquellos seres de luz y ángeles que te auxilien en la ascensión hacia la morada de Dios.

Tú no eres un ángel, eres un nacido por la sangre, pero tienes la opción de nacer de nuevo y recuperar el ala, es decir, la conciencia angélica. La mayor parte de los seres que quieren restituir su conciencia angélica no saben cómo hacerlo y, los que creen que lo están haciendo bien, están manipulando energías atrapadas en arquetipos que no corresponden a nuestra realidad metafísico-religiosa; son egregores astrales de un mundo muy ajeno al nuestro que, aunque permanezcan atrapados como el genio en alguna lámpara, y aun cuando esta última sea muy antigua, no necesariamente ilumina.

Los "ángeles de la Biblia" son entidades que pertenecen a la visión judeocristiana. La primera es una mezcla de cosmogonías y teologías asiria, babilónica y egipcia, que terminan eligiendo el monoteísmo en su panteón porque incluso la sarracena, que reconoce la categoría "arcángel Gabriel", por medio de quien Mahoma recibió el mensaje de su misión y los lineamientos del Corán, reconoce otras entidades como los *ginns* o demonios, y no tiene una estructura jerarquizada de estos. El musulmán ora directamente a Dios, sin intermediarios, aunque reconoce a los mensajeros de Dios. En el caso de los hindúes, los celtas, los nórdicos y los germanos, cuyos nombres están inscriptos en los textos de sus mitologías correspondientes, tienen una visión distinta de esta. Como la mayor parte de los relatos de antiguas civilizaciones han sido clasificados, etiquetados como paganos, aceptamos de ese mundo aquellos que lograron hacer el "crossover" a la concepción judeocristiana, la cual surgió de la adaptación que hizo Saulo de Tarso del judaísmo al cristianismo. Los ángeles de la concepción judía pasaron a ser los del nuevo cristianismo bajo sus nombres hebreos; luego, según se traducían al arameo, al griego y al latín, hasta que, por orden del Vaticano II, se renunció al uso de esa lengua en la liturgia y se dejó mantener en la lengua vernácula de cada país, pero los coros angelicales conservaron más o menos sus nombres.

*Una civilización se halla en peligro*
*cuando tergiversa el sentido de sus palabras.*
BUDA

La reacción semántica de un nombre, de una frase, de una oración, se da cuando la zona cerebral que atañe al habla, o sea, el área de Broca, sirve como caja de resonancia entre la emisión sonora que se transmite y dicha región, por lo que surge una interpretación neurolingüística que se traduce en una reacción semántica, una respuesta al contenido del mensaje. En el caso de las consonantes, la mayor parte de las lenguas arcaicas están compuestas por estas; el llamado Punto de Meulemans[4], que está relacionado con la información musical, el sonido, el ritmo, y que se encuentra en la parte opuesta al llamado Punto de Broca. Los avances de la neurolingüística y de la endolingüística nos permiten comprender mejor las reacciones del cerebro ante los cambios de los comandos y cómo estos pueden beneficiar o perjudicar a una cultura. Mientras más antigua es la cultura y el lenguaje, más fija es la tradición de sus términos lingüísticos.[3]

---

[3] La doctora Meulemans y el psiquiatra José Elías desarrollaron un sistema que denominan decáglota. Este permite entender frases en diferentes idiomas. El método

Nuestro cerebro no va a reaccionar de la misma manera a la estructura lingüística del chino, del árabe, del hebreo, del siux; eso, solo para poner un ejemplo. Tendrá que hacer un ajuste por medio del aprendizaje para luego realizar la interpretación de la palabra o la frase u oración que ha escuchado. De ahí, la importancia de las palabras de Buda, dado que cuando se tergiversa el sentido de las palabras, sea de manera intencional o no, cuando la lengua, incluso, se usa con un fin de dominio, encarcelando a una miríada de generaciones en una semántica aberrada, con el fin de subyugarlas, se destruye a la civilización, es decir, la acción o efecto de civilizar, que es el de llevar a la criatura del estado salvaje al culto.

En la lengua hebrea, el nombre de su Dios, Yod He Vav He (se lee de derecha a izquierda), no puede ser pronunciado sino por un grupo selecto de rabinos y, en un día muy especial, el resto del tiempo habrá que mencionarlo por sus diferentes atributos: Eloy, Adonai, Elohim, etc. La razón por la cual ellos dicen que no se puede mencionar el nombre de su Dios es porque no se debe buscar su irritación al nombrarlo en vano y se tiene que estar preparado para vivir sus poderosas energías cuando responde. Esto tiene algo de trasfondo, de manipulación, un exclusivismo similar al que mantenían algunas castas sacerdotales, detrás de las que se escondía el control de un poder omnímodo. Y me pregunto: ¿por qué de un "Dios" que no se comunica con sus criaturas y que, por el contrario, lo hace exclusivamente con una élite particular?

Sabemos que no estamos hablando de dioses o de entidades astrales con las que se comunican brujos o hechiceros. Hablamos de Dios, cuyo lenguaje más importante es el amor. Perdido ya el

---

está basado en la reacción bicameral del cerebro, con el hemisferio izquierdo a cargo de la reacción verbal, y el hemisferio derecho, a cargo de la reacción no verbal, el cual, tal como sabemos, rechaza toda reacción que esté relacionada con la información intelectorracional.

teolenguaje, el alfabeto morfológico de los primeros patriarcas, nada llega tan rápidamente a su presencia que este misericordioso sentimiento. De nada nos vale decir "¡oh, Dios mío!, oh *my god*!", si estas palabras carecen del néctar vital del amor, porque a pesar de que el español y el inglés son lenguas antiguas, pero no sagradas, y de que el hebreo está considerado una lengua arcaica, al igual que el árabe, y aun cuando, debido a su origen, están conectadas a lo sagrado, como lo es el sánscrito, pero de ninguna manera son teolenguajes, no debemos confundir la lengua sagrada con el lenguaje simbólico y sagrado que se ha usado a menudo en una liturgia específica o con una doctrina sagrada. Recordemos que la huella de Dios no es Dios.

Alexandre Saint-Yves d"Alveydre hace referencia en el *Arqueómetro* a la trascendencia de la palabra cuando recuerda que la lectura del Evangelio de san Juan, leído en siríaco-arameo, dice: "El principio es la Palabra, el Verbo", y más adelante agrega: "(....) No hay sino que explorar un poco la antigüedad en todas las partes del mundo, para encontrar trazas ciertas de la importancia de la Palabra humana, considerada como reflexión del Verbo divino. Sin duda, de la India a la China, de la Eslavia y de la Escandinavia a la anciana América, de la Siria y de la Kaldea al Egipto, la erudición, no puede alcanzar sino los desperdicios supersticiosos y mágicos de la anciana ciencia de esta Palabra primordial y de sus alfabetos".

El teolenguaje es el lenguaje de la luz, del amor, de la contemplación y la meditación, para la cual hacen falta pocos mediadores, excepto Jesús. Es el lenguaje de la oración y, sobre todo de la oración respirada. Algunos reductos de este lenguaje quedan en una lengua como el sánscrito y permean con sus mantras las sílabas que permiten la percusión de la oración como detonadores de esta: "om", "aum", "amén", "amin", etc.

Las categorías sefiróticas de la *kabala* hebrea[4] pueden tener su equivalencia en la numerología y en las categorías hindúes, pero no solo se pronuncian de manera diferente, sino que habrá que pronunciarlas correctamente para que surtan efecto; veamos la tabla que expone Éliphas Lévi en su libro *Los misterios de la Kabbala* o *La armonía oculta de los dos testamentos*:

| SEFIROTS | NUMEROS | SEFIROTS |
|---|---|---|
| KABALISTICOS | | HINDUES |
| Kether | 1 | Brahma |
| Chokmah | 2 | Vishnú |
| Binah | 3 | Siva |
| Chesed | 4 | Maya |
| Geburah | 5 | OM |
| Tipheret | 6 | Harangerbejah |
| Netzah | 7 | Pradiapati |
| Hod | 8 | Porsh |
| Yesod | 9 | Parakratri |
| Malkuth | 10 | Pran |

[4] Kabala, Kaballah, Qaballah. Esta hermenéutica, es más Antigua que los Hebreos a quienes se les otorga su invención, pero los hechos históricos nos dice que la palabra Kaballah lejos de significar tradición, significa recibir de Dios, originada por via de los Hermanos de la Sinceridad o de la Pureza, los Ikhwan EL Safa, quienes originaron lo 8 elementos o sefiras, prolongadas a 10 por un filósofo judío del siglo XI. Y en la enciclopedia Judía, vol. 6 pag.60 dice: No cabe ninguna duda de que el estudio de la gramática árabe y los significados de las palabras son la base del uso de palabras en la Cábala para fines místicos. La gramática árabe fue el modelo de la gramática hebrea. Recordemos que la kabala hebrea manipula las palabras cambiando sus potenciales numéricos, ya que cada letra esta potenciada por un número y viceversa y en los trabajos kabalísticos se realizan trabajos de magia utilizando la Temurah, la Gematria y el Notarykon o Nutrikum. Ver "Apocalipsis según Ramsés. Kufu. 1999. Pág. 51-52-53-54.

Tal como vemos, los atributos pueden equivaler, pero su pronunciación, su fonética, es diferente, por lo tanto, la reacción semántica será distinta, aunque estemos pensando en lo mismo, y aun así, para el que domina la lengua hebrea, no le será suficiente si no cree en el culto de la *kabala* o maneja sus atributos. Tendrá que estructurarlo en su cerebro con el ingrediente de la fe, y lo mismo sucederá con el sánscrito: no se integrará a la vivencia religiosa a pesar de que se pronuncie a la perfección, y aunque quien lo haga sea un profesor de religión comparada.

La acepción de una palabra, su sentido, el valor semántico, el origen, la estructura están alejados de la mente de la mayoría de las criaturas humanas en la actualidad, un mundo lleno de signos que va sustituyendo cada vez más al poder del símbolo, un lenguaje cibernético que va sustituyendo a ese lenguaje simbólico-arquetípico, una lengua comercial que se impone y un inconsciente colectivo que se resiste a renunciar a su memoria ancestral son parte de los conflictos que al comienzo del tercer milenio empiezan a generar confusión y enfermedades mentales en la criatura que se encuentra en trance de ser un ser humano.

El lenguaje de los ángeles de Dios es el teolenguaje, no es ninguna lengua antigua. Los ángeles no hablan como nosotros, es decir, el hebreo, el griego, el latín, pero pueden transfigurarse, metamorfosearse y usar una lengua, si es preciso, para comunicar su mensaje. Como ya vimos, el teolenguaje es la lengua sagrada de Dios, las "potencias cósmicas del verbo" y, poco a poco, desde las edades prelógicas, en la protohistoria, pasando por el terrífico experimento del síndrome de la Torre de Babel hasta los tiempos actuales del populismo del Vaticano II y la mezcla de las prácticas paganas de la "new age", que reciclan en una licuadora social todo lo que de residuo quedaba en ellas, el demiurgo las ha ido borrando de nuestra memoria, todo, excepto el amor. En cuanto a las edades prelógicas, en las que la articulación de un lenguaje como el actual no existía, la sangre servía como vehículo más expedito en la comunicación con Dios, y qué significa esto: ¿hay que hacer sacrificios sanguinarios para retomar la comunicación con Dios? ¡No! De ninguna manera, porque aquella sangre no era la sangre roja que circula por nuestras venas y arterias; aquella sangre era la luz del Cordón Dorado, el ADN espiritual de Dios, su sublime circulación sonora, era suficiente para convertirnos en el reflejo de su virtud. ¿Por qué? Porque se guía el patrón divino, lo que Saint-Yves define en el *Arqueómetro* como “el régimen de las Fuerzas cósmicas, de las que el sonido forma parte, es exactamente correspondiente y obediente a las Potencias cósmicas del Verbo por sus leyes vivientes de involución y de evolución”.

Entonces, me pregunto: ¿con qué ángeles estamos intentando comunicarnos si apenas sabemos pronunciar las letras vivientes con las que podríamos llamar tan siquiera su atención? Y es que si no fuera porque estos seres celestiales se comunicaran con el lenguaje de la luz del amor por medio de la omnisciencia de Dios, el síndrome de la Torre de Babel, analizado en mi libro *Apocalipsis según Ramsés*, hubiera terminado de una vez y para siempre con la posibilidad de comunicarnos con los embajadores celestiales.

¿Estaremos, entonces, evocando, invocando y provocando en nuestras plegarias a egregores receptores de antiguos cultos astrales que son la sombra de la sombra?

Por otro lado, si la patria de los ángeles es celestial, no es infortunado reconocerles una lengua humana, que varía de etnia a etnia, de cultura a cultura, por muy arcaica que sea esa lengua o por muy sagrada que se considere. ¿Los ángeles usan un único lenguaje, el lenguaje de Dios? Y este lenguaje, el de la luz que proviene del amor, la misericordia, la justicia de la paz emanante del

Altísimo y que, anulando el tiempo, retorna a ÉL por la vía de la acción, de los hechos, no de las intenciones, lo entiende todo el mundo. Cometeríamos un error, similar a los que dicen que Jesús es judío por el accidente geográfico de haber nacido en Palestina, hoy Israel, donde, por supuesto, se desarrollaba el drama más importante de la humanidad y donde aún continúa, y donde, por lo tanto, debía encarnar el Verbo; ni siquiera la maternidad de Jesús es judía, ella proviene, sí, de la Virgen María, pero su concepción fue por medio del Espíritu Santo, y no por la sangre. Fue por medio de la génesis de Dios, la luz primordial, no de la genética humana cromosomática.

En cuanto al espíritu de la letra, Saint-Yves nos exponen un ejemplo magnífico en el *Arqueómetro* y en el capítulo correspondiente a la tradición oriental: "Para volver a ligar la Estrella hexagonal de los Equinoccios del Verbo con la de sus Solsticios, los Patriarcas antiguos han hecho sonar la primera letra del trígono de Jesús, la consubstancia del Padre y del Hijo, la Sabiduría Eterna, la Regia universal I. Y después, es decir, en subordinación directa, han hecho sonar la primera letra del Trígono de María, la soberana reflexiva de las Aguas Vivas Eternas, la letra M. La potencia de la Estrella equinoccial, sea por inspiración, sea a sabiendas, ha sido, pues, evocada bajo su verdadero nombre divino o efectivo: Alhim. Este nombre no es un nombre, sino un lugarteniente del nombre, un pronombre. ALAH significa aquel, aquellos, él, ellos".

¿Se quiere una prueba absoluta, matemática, de que este hierograma es un lugarteniente del Verbo, único que es el nombre, *ShêMa*, y más aún, *ShêMaM*, el nombre de los nombres?

He aquí esta prueba.

El Verbo es Y-PhO y es la consubstancial del Padre y del Hijo; su equivalente numeral es 10. PhP significa la "boca", el "soplo", el "órgano del pensamiento viviente del verbo creador" y su equivalente aritmológico es 86.

Alahim tiene, precisamente, por equivalente aritmológico, este número 86:

A = 1, L = 30, H = 5, I = 10, M = 40; 1 + 30 + 5 + 10 + 40 = 86

Alhim está, pues, sobre el horizonte eterno del doble universo divino y astral, en función del lugarteniente, en razón de instrumentalidad ejecutiva, pronominal del nombre de PhO.

Leído a la europea, Alhim es "Mi-He-La", "la Milicia" y "el Medio", el Estado social angélico, que desde los Cielos del Mundo de la Gloria rige los Cielos astrales y todo lo que ellos encierran: seres y cosas. El príncipe de esta principalidad dividida en órdenes armónicos, el jefe, de estos jefes de orden de los que cada uno es la letra viviente del Verbo, tiene por hierograma "Alah", mas hay que asignarlo a la hexada solsticial del Verbo, y entonces se pronuncia por sí mismo "MIHEL", que los judíos han alterado transformando la letra de vida "H" en "Ka" [6].

Mas ni Alah ni MIHEL son los Señores del Swarga. El señor Swarga es SW-ra, en Ishwa-RA: es Jesús-Rey; Alah, que es MIHEL, no es sino el lugarteniente equinoccial del Verbo, el príncipe arcangélico de la principalidad de los ángeles y de todas sus órdenes celestes, el jefe de los jueces que sostienen sobre el Oriente la espada de fuego viviente "H", y sobre el Occidente, la balanza.

*La arqueometría, clave de todas las religiones y de todas las ciencias de la antigüedad* y su autor, el gran místico Saint-Yves d"Alveydre, intentaron solucionar este conflicto, llevando a la búsqueda de las raíces originales del teolenguaje, y en algunos párrafos se ilustra este intento de volver a la raíz prediluviana de la lengua sagrada de Dios, a la protosíntesis patriarcal o verbal. "A este punto llegaron los patriarcas. Por eso, lo han testimoniado de diversas maneras de las que citaremos: "Han injertado la palabra humana sobre la cosmología o razón social de las potencias y de las funciones del universo. De ahí, los alfabetos sagrados solar-lunares, sus horarios derivados: lunares, mensuales, decánicos, etc., y toda esta lengua maravillosa de los equivalentes científicos de la palabra, llamada lengua de los ángeles. Hemos reconstituido todo este conjunto cosmológico perdido desde la división dc las lenguas. De él quedaban, no obstante, trazas mediante el nombre de Se-llo cosmológico del Dios-viviente. Entre los arios, es el Arka-Metra de los vedas; entre los egipcios, es el sello divino portado por el profeta en las procesiones hieráticas; entre los judíos, es el sello IHOH, llamado A MaTh por Moisés, sus ALHIM y sucesores, los colegios de Nabim fundados por Elías y Eliseo. En fin, en la *Barith ha Kadosha* es el Sello de Dios designado por san Juan en numerosas ocasiones, el signo del ángel o enviado divino, regulado sobre el Oriente espiritual".

Cuando cito estos ejemplos, mi única intención es invitarlos a reflexionar sobre ello. No es mi propósito que renuncien a vuestras creencias o tradiciones, sino que piensen y que no sean pensados.

## Recuperación del reino

En el sermón del monte o sermón de la montaña, Jesús deja definida su filosofía, y los versículos 19, 20 y 21 son testimonios de la trascendencia que en esa filosofía tiene el hecho de que el ángel caído haya recuperado el reino de los cielos:

> 19. No os hagáis tesoros en la tierra, donde la polilla y el orín corrompe, y donde ladrones minan y hurtan.
> 20. Mas haceos, tesoros en el cielo, donde ni polilla ni orín corrompe, y donde ladrones no minan ni hurtan:

> 21. Porque donde estuviere vuestro tesoro, allí estará vuestro corazón.
> 33. Más buscad primero el reino de Dios y su justicia, y todas estas cosas os serán añadidas.

Y en Juan, capítulo 18, versículo 36, Jesús definió su reino en respuesta a Pilatos:

> 36. Respondió Jesús: Mi mundo no es de este mundo. Si de mi mundo fuera mi reino, mis servidores pelearían para que yo fuera entregado a los judíos: ahora, pues, mi reino no es de aquí.

O en el Evangelio de san Juan en el capítulo 8, versículo 23, y capítulo 14, versículo 16:

> 23. Y decíales: Vosotros sois de abajo, yo soy de arriba, vosotros sois de este mundo, yo no soy de este mundo.
> 16. Yo les he dado tu palabra; y el mundo los aborreció, porque no son del mundo, como yo tampoco soy del mundo.

Tú no eres el ángel, pero...

El ángel podría estar en otra dimensión o sencillamente estar en esta, pero si estás preparado para su asunción, se convertirá entonces en la conciencia alada para tu gran vuelo, el vuelo arcano.

Dijimos que los ángeles no son nacidos, a diferencia de nosotros, pero no por ello estamos impedidos a no alcanzar una "conciencia angélica". El siguiente capítulo intenta poner en perspectiva este reto.

Dice la tradición que cuando el ángel cayó, conservó unas partes de sus potestades como lo son el doble estado angélico y humano, el don de la metamorfosis y de la transfiguración, y su extraordinaria inteligencia y belleza, y como una forma de compensar ese hecho, se ubicó el trabajo con cuyo sacrificio y producto tendría que satisfacer sus necesidades, el parto con dolor, y la nostalgia del paraíso, una especie de memoria perpetua para incentivarlo a recuperarlo, etc.

De lo primero queda muy poco, la vestidura actual de la criatura en trance a ser un ser humano y su genética han perdido esas facultades, entre ellas la de la metamorfosis. Una vez que se han fijado los caracteres de las razas actuales, solo podemos esperar mutaciones o recesiones genéticas; por ejemplo, si alguien nos llama, ya no usamos los músculos de la oreja para registrar la dirección de donde proviene el sonido, sino que simplemente viramos el cuello y, con eso, el cuerpo, para comprobar y orientarnos. Conclusión: los músculos que mueven el cartílago de la oreja se atrofian, la llamada muela del juicio aparece cada vez menos en los nuevos nacidos. El cambio también se ve en nuestra capacidad para retener la vitamina C y lo mismo sucede con algunos animales, tales como el gato, lo que no impediría que mediante los nuevos experimentos del plan "genoma" trasladen esas características del animal al ser humano, solo que, en este caso, suelo mirar el cuadro de la infeliz oveja Dolly, para contemplar el futuro con temor.

La metamorfosis queda reducida al complejo de la psiquis humana, muy diferente al caso de la transfiguración (ocupa varios capítulos en mi libro *Transfiguraciones*). Ahí muestro que esta capacidad de hacer profilaxis con el alma nos ayuda a destruir aquellos miasmas adquiridos en la "evolución" y que arquetípicamente viven en nuestra psiquis en contenidos zoomórficos. En cuanto al doble estado angélico-humano, el doctor Jekyll y el señor Hyde forman parte del claro estigma que hay sobre una bipolaridad que, camuflada, subsiste en nuestra más profunda realidad subconsciente desde que, incluso, en el desarrollo filogenético del cerebro se produjo la división de los hemisferios, es decir, dos cerebros que sirven de recipiente, uno de la lógica y del racionalismo, y otro, de la intuición.

Por otro lado, con una educación que pone énfasis en esa separación y que desde el punto de vista cultural no es más que el claro empecinamiento en evitar que se produzca la unidad espiritual entre Oriente y Occidente. Esta dualidad, esa bipolaridad, es interpretada solo como una enfermedad cuando empieza a ser dominante y genera un conflicto entre la sociedad y el individuo al no poder modificar su realidad desde una mente considerada coherente por los patrones de la psicología clásica, enfermedad que comenzó como un síntoma de esa división y que ha conllevado muchas más enfermedades, que, sin duda, tienen su causa en la violación de las leyes de la genética por aquello de que "de un percherón, jamás podremos sacar un alazán". Y, en cuanto a lo segundo, la desigual repartición del mundo, los injustos patrones laborales prevalecientes aún en el planeta. El que muchas capas de la sociedad no tengan el mismo acceso al desarrollo y a los derechos inalienables hace que el hombre actúe como un lente que amplifica el castigo; que infringe los derechos de su semejante; el plan de la criatura en trance de ser un ser humano supera la carga moral que contenía la expulsión del paraíso, porque el dinero, la satisfacción material, el bienestar físico y su eternidad biológica son su preocupación más urgente, y constituyen, a principios del tercer milenio, el evidente fracaso de su paraíso terrenal, que avanza en legiones al final de los tiempos, a un destino ciego, donde la minoría, que intenta recuperar el tiempo primordial como primera fase para la recuperación del reino, los hijos de la luz, son la piedra excluida de la que no queda duda será la piedra clave.

## El hombre sabe, pero no está al tanto de que sabe, y por eso se comporta peor que el animal

¿Cómo recuperar el reino? Aspectos materiales, aspectos psicológicos y aspectos espirituales.

Caímos al mundo físico, atrapados ya en la organática átomo-biología-célula de la tercera naturaleza artificial, y recientemente comenzamos a dirigir el vuelo hacia el estado paradisial, pero mientras ese acto voluntario se da, debemos cuidar del cuerpo material para evitar que las excretas morales y físicas nos enfermen. Es importante la salud y la vitalidad física, basándonos en una adecuada nutrición y alimentación, comiendo para nutrirnos, evitando comer por sabores, que es una conducta aprendida, y completando este nivel de calidad de vida con ejercicios que aligeren el peso, además de aumentar la elasticidad y fortalecer todos los sistemas: circulatorio, nervioso, óseo, muscular.

El yoga es uno de los mejores sistemas para lograr este propósito. El yoga posee una serie de *asanas* o ejercicios, y un sistema y control de respiración llamado *pranayama*, que elimina toxinas, físicas y mentales, y evita la oxidación celular.

## Aspectos materiales. El dinero

*El dinero no da la felicidad, pero calma los nervios.*
Proverbio árabe.

Pero, aun así, el dinero no lo es todo a pesar de que cuando nacimos, el mundo estaba repartido y mal repartido. ¿Qué hacer entonces para ubicarnos, a fin de buscar nuestra parcela? ¿Y qué parcela es esa? Leamos:

Homero perdió salud tratando de conseguir dinero; luego Homero perdió dinero tratando de conseguir salud... y ahí va Homero, en su ataúd, sin salud y sin dinero.

¿Deseamos realmente que nos suceda lo que lo que le aconteció a Homero? Creo que estamos de acuerdo con la moraleja de la historia anterior, y en que la salud y la felicidad son más importantes que el dinero. Quedará menos duda cuando leamos el siguiente anónimo: con el dinero se puede comprar: la cama, pero no el sueño. La comida, pero no el apetito. El libro, pero no la inteligencia. El lujo, pero no la belleza. Una casa, pero no un hogar. El remedio, pero no la salud. La convivencia, pero no el amor. La diversión, pero no la felicidad. El objeto religioso, pero no la fe. Un lugar en el cementerio más lujoso, pero no el cielo.

La salud tiene una importancia vital. Sin ella no se pueden lograr las otras dos metas que pueden clasificarse como los "tres pilares del éxito", esto es, la felicidad y el dinero. Sin embargo, en Occidente se hace al contrario que en Oriente. Situamos primero como objetivo el dinero, y luego, la salud y la felicidad. El resultado lo vimos en el caso de Homero, lo que significa que estos profundos razonamientos, por lo demás, verídicos, deben llevar a plantearnos la existencia en otros términos:

"¡ATEMOS AL HOMBRE, LIBEREMOS AL ÁNGEL!"

Comencemos por nuestra relación con Dios.

Dice un viejo adagio: "Hallar a Dios es mucho más fácil que ser recibido por un rey".

Mientras decidimos permanecer en nuestro cuerpo físico, necesitamos un ordenamiento con Dios. Ese ordenamiento es el ánima que nos da acceso a su trono por medio de la oración, la plegaria, la meditación dirigida desde tu propio templo físico, o desde tu sanctasanctórum; este último debe estar ubicado en una zona específica de tu casa.

Dicha zona tiene que estar cerrada a los curiosos y se debe fumigar con incienso para albergar ahí la armonía indispensable para estos menesteres. Si situamos una mesa, redonda u octagonal, debemos sentarnos con la parte anteroposterior de la cabeza hacia el este, a fin de recibir los beneficios del magnetismo solar. Los chinos dicen que, quien duerme hacia el este, tendrá siempre el sol en su corazón. Asimismo, cubriremos la mesa con un paño apropiado, preferentemente morado, o blanco, y ahí pondremos nuestros objetos sagrados. La práctica se debe hacer diariamente tanto al iniciar el día como al terminarlo, y desarrollar con el hábito un estado de salud físico-espiritual que se basa en una conducta dhármica.

¿Pero cómo hacer que esta conducta no nos afecte ante lo mundano? Para contestar a esta interrogante, debemos hacernos otra: ¿Dios tiene economía? Si es así, ¿podemos invertir en ella?

Dios no está pendiente de nuestros quehaceres en el orden material. El orden divino es un orden espiritual y, cuando se ha trascendido a ese grado, lo material no existe. Hay una conciencia dhármica que evalúa la acción o karma que cada uno de nosotros hemos hecho. Dicha evaluación nos aparta o nos acerca a Dios, no es que Dios se aleje de nuestra conciencia, somos nosotros los que nos alejamos de su omnipresencia. Por tanto, no somos beneficiados por su omnipotencia o por su omnisciencia. La inversión en Dios multiplica nuestra economía, el concepto de la economía de Dios es similar al de la economía de la naturaleza, el exacto dulzor de la fruta, no más ni menos.

Como podemos ver, economía aquí no es financiación, sino equidad, justicia; es el reino de la misericordia y del amor, y el amor, el abrazo de Dios, la reconciliación de los contrarios, el que restituye el fiel de la balanza, y el fiel de la balanza es la justicia, la que, desprovista de amor, no cumple su cometido. La inversión en Dios trae bendiciones y multiplica nuestro patrimonio, pero no podemos ser beneficiados por la economía de Dios si no lo conocemos. De ahí, la importancia de estar alineados a él.

¿Dios tiene negocios?

La respuesta es ¡sí! Sencillamente porque tiene intereses con sus hijos, hijos del espíritu, por supuesto, y ahí donde esos intereses estén amenazados, debemos defenderlos sin titubear. El desconocimiento de Dios nos lleva a la ignorancia de sus intereses, que, a fin de cuentas, son nuestros intereses "porque el que no cuida al árbol, no podrá comer de su fruto, ni siquiera beneficiarse de su sombra".

¿Tiene Dios un interés mayor?

Por supuesto, y es el de restituirnos el estado paradisial original, dado que por violación dhármica, entramos en el estado afrodisial, expulsados del primero, y apenas nos han expulsado, cuando volvemos a entrar, empujados por el viento del karma, apresados en la rueda del *samsara* en el eterno retorno, reciclados en una cápsula de tiempo-espacio, atrapados en las circunvoluciones del cerebro y, como ya dijimos anteriormente, evocado, invocado y provocado por el cuerpo deseo, de los pares de opuesto en la coincidencia espermatozoide-óvulo.

Así que debemos asociarnos a la gloria del supremo e invertir en las acciones de gracia que provienen de la voluntad de Dios de devolvernos al estado original, espiritual, donde no somos afectados por los cambios de la materia-deseo.

Como vivimos, en un universo bipolar, dual, hay fuerzas que se oponen a esa inversión en Dios y desean arrebatarnos las parcelas del espíritu, que, tras largas e intensas batallas metafísicas, se restituyó a los hijos de la luz, robando energías de nuestro banco espiritual, satanizando nuestras acciones, debilitando nuestro poder adquisitivo espiritual, comprando o chantajeando, ahí donde los hábitos van modificándose de gusto a necesidad, de lo justamente necesario en el consumo, tentando subliminalmente, rebajando intereses donde la confianza del consumo material disminuye, pero aumentándolos en otros, creándonos inseguridad para vendernos seguridad, extorsionando y corrompiendo con el dinero, la droga, la pornografía, vendiendo más baratas sus antenas satelitales ahí donde las costumbres prohíben el adulterio y la sicopatía sicalíptica, así lo hacen sin piedad, donde quiera que se manifieste la meditación franciscana: “No es más rico el que más tiene, sino el que menos necesita”.

Por ello, nuestra inversión en los pobres, en los que equivocaron el sendero y están privados de libertad física, en los que están enfermos, en los que padecen de escasez de amor, en los que no conocen a Dios, es la mejor inversión que se pueda realizar para imitar a Jesús y a una de sus últimas y más exitosas banqueras: la Madre Teresa de Calcuta.

Como vemos, Dios no interactúa en el mundo financiero de la banca, de la industria, de la bolsa de valores y de la economía en general, y mucho menos, en el de los juegos de azar, pero si estamos ordenados con él, esos caminos materiales que han sido establecidos por la arrogancia del hombre, tarde o temprano se pliegan, lo que interpreta fielmente el precepto de san Mateo en los capítulos 25, versículos del 35 al 36.

35. "PORQUE TUVE HAMBRE Y ME DISTEIS DE COMER; TUVE SED Y ME DISTEIS DE BEBER; FUI FORASTERO Y ME RECOGISTEIS".

36. "DESNUDO Y ME CUBRISTEIS; ENFERMO Y ME VISITASTEIS EN LA CÁRCEL Y VINISTEIS A MÍ".

No debemos perder la perspectiva de que estamos existiendo en un universo bipolar relativo y de que en este hay una batalla metafísica entre los hijos de la luz y de la oscuridad, un universo mahamáyico, mas que tiene sus propias leyes. Como vimos, nuestra asociación con Dios nos sitúa de inmediato en la primera línea de batalla y nos provee las virtudes espirituales para apoyarlo mientras nuestro libre albedrío decide permanecer en él, pero nunca debemos olvidar el precepto hindú que ya mencioné en este libro: "Dios está en el tigre, pero cuídate del tigre".

Usemos el amor, aunque sin olvidarnos de la advertencia del Swami Vivekananda, sin llegar al grado de convertirnos en un fardo de algodón que todo el mundo patee, el error inducido por la falsa interpretación del cristianismo paulista. Por lo tanto, a Dios rogando y con el mazo dando.

Necesitamos recuperar la otra ala para poder iniciar la ascensión. Recordemos el reto: "reptas o vuelas". Elige. Para ello, nada mejor que seguir los pasos de Jesús en el sermón de la montaña. Nada mejor que trabajar con la luz hacia la luz, y con la verdad, en dirección hacia la verdad.

Debemos fortalecer nuestra capacidad de evitar la tentación. Cuando se vence el temor por medio de la sabiduría, los espíritus celestes descienden para servirte. Por ende, no intoxiques tu entorno espiritual evocando fantasmas, espectros y larvas que van y vienen, evocados en su mayoría por nuestra mente en esas bandas astrales de dimensiones intermedias. Acuérdate de que ninguna ronda del *samsara* está convoyada por estrellas. El ángel te transmite la sabiduría trascendental y esta se encuentra fuera de tu registro, es decir, en el registro espiritual, no en el intelectual, mas no por ello podemos obviar el aspecto psicológico.

## El aspecto psicológico

La copa de la felicidad está llena cuando su contenido concentra salud física y psicológica. La certeza espiritual en nuestra relación con Dios produce una inmunización contra la angustia, la depresión, la ansiedad, la frustración, el pesimismo, por lo que se instala el poder internamente.

### El poder interno y el poder externo

Cuando el poder está afuera, es decir, en la propiedad, en lo material, en el dinero, creamos una ilusión semejante a la que vive la persona que confunde a la luna con el reflejo de esta en un estanque, pero corriendo el riesgo de que, cuando ese poder externo se pierda por algunos de los desvaríos de la existencia, haya energías destructivas que puedan conducir a decisiones fatales.

Los poderosos imperios de otrora desaparecieron cuando perdieron el poder interno creyendo que lo poseían todo con el poder externo. Quedó aquello que era hermoso (culturalmente hablando sobre lo que legaron), pero el poder externo desapareció con ellos, y fueron sustituidos por otros imperios que repiten el mismo error.

En este sentido, es importante recordar que "la historia no se repite, lo que se repite es el error". Debemos conocer más nuestra naturaleza interior, lo que los maestros hindúes entienden como el *atman*, o sea, el espíritu universal, la monada espiritual, el yo, el que se conoce por medio del *atma-vidya*, el supremo conocimiento de la sabiduría espiritual.

El pensamiento moldea nuestra mente; es "mente sobre materia".

La mente es el producto de la materia más altamente cualificada, el cerebro, en la criatura en trance a ser un ser humano. Los pensamientos son el producto de esa función mental, y la naturaleza de esos pensamientos depende de la información obtenida por tus genes, que determinarán el carácter, el carisma y, posteriormente, el criterio, que recibirán el molde de la información adquirida después del nacimiento; ello, en la constelación familiar, en la constelación escolar y en la constelación social. No cabe duda de que nuestra forma de pensar moldea nuestra existencia. De ahí la importancia de informarse correctamente, evitando la información caótica, ya que la información informa a la forma y, en esta aparente cacofonía, esta es una de las claves de la independencia y la libertad interior o, en otras palabras, aquella por la que piensas y no eres pensado, teniendo siempre en cuenta que, para lo establecido, para la política oficial, no serás nunca un pensador sino un conspirador. La otra clave estará en guiar conscientemente el subconsciente y no a la inversa.

Existe un ejemplo clásico que ilustra esta forma de actuar de la mente y los pensamientos, en la que se visualiza a la mente como un gran lago a cuyas aguas arrojamos piedras, las que, debido al impacto, generarán ondas. Las piedras representan nuestros pensamientos; las ondas simbolizan las respuestas. Si esas piedras pensamiento vibran en la dirección espiritual adecuada, las ondas-respuestas serán armoniosas. Lo contrario, lo podemos imaginar.

Es imprescindible pensar de manera ordenada, armoniosa, espiritual. Si esa labor no se da con esa frecuencia, la energía del pensamiento *caotizará* el lago-mente y acarreará dispersión. Por ende, romperá la polaridad con la ley de atracción, la que simpatiza con las energías que proveen la modelación de los obstáculos, de las energías que facilitan el éxito y crean vías de triunfo, poder justo y abundancia necesaria.

Hay que parar la mente parlera, y el mejor método para ello es desarrollar la concentración y la meditación. Así se para al mono, el pensamiento, que salta de rama en rama; al efecto mariposa, que aletea de flor en flor.

Debemos hacer (como una disciplina diaria) reafirmaciones de pensamientos dhármicos, ejecutando una orden proyectil, para que el efecto relente del subconsciente nos devuelva de manera espontánea su versión ordenada del estado interior óptimo, capaz de producir la potencia suficiente, a fin de materializar el hecho, el cual, por supuesto, puede ir acompañado de mantras, oraciones cortas, plegarias. Esto, en el lenguaje místico, se llama invocación de cámaras.

¡Haz bien y no mires a quién!

Para recibir hay que dar, no hay otra alternativa. En un mundo de ida y vuelta, de mentira-verdad, de bien-mal, donde rara vez se contemplan los matices, cuando damos desinteresadamente, con desapego, recibiremos más tarde o más temprano la compensación. Eso es todo lo contrario a cómo actúa el mundo material, esto es, recompensa-castigo, oferta-demanda. Dicha compensación puede llegar de una manera paradojal, digamos, vestida de pordiosero, de modo tal que siendo ya un hecho, podríamos estar aún esperándola, o quizás acusándonos de mala suerte o de malagradecimiento. En todo caso, podría provenir de otro canal que no era el que esperábamos.

Si tú te encuentras pletórico de amor, ese amor se convierte en un magneto, irradia y atrae, pero esa misma energía puede ser interpretada a la inversa por quien nunca ha conocido el amor, o por aquellos que están poseídos por vicios, como la envidia y el resentimiento, que, a fin de cuentas, son una reinversión irracional del inconsciente por la falta de esa virtud.

Por lo tanto, no ofendas al amor violando estos tres preceptos, porque cualquier violación de ellos te llevará al error:

Inatención: quien no atiende no entiende y, quien no entiende un instante, no entiende la totalidad de todos los instantes.

Precipitación: quien se precipita, se come siempre la fruta verde.

Intolerancia: la falta de tolerancia no deja sobrevivir. Mantén en acción las diez C[5]: cabeza, piensas (o cerebro). Te piensan. Crea leyes, crea ideas.

Conciencia dhármica, no kármica. Balance de poder. Justicia. Capacidad de discernimiento. La conciencia dhármica es una conciencia purificada con la práctica sagrada.

Carácter: firmeza, voluntad. Capacidad de tomar decisiones y de ejecutarlas.

Carisma: tener ángel, energía *vril*, proyección que obnubila la conciencia de quien la recibe por simpatía y empatía. Liderazgo, mensaje y mensajero, multiplicador y original, no copiador.

Criterio: principios. Rompes esquemas o los mantienes. Certidumbre.

Coincidencia: debe coincidir lo sucedido con el suceso, porque si no, tendremos que esperar otra ronda.

Creencia: fe. Legislas, ejecutas sin dudas ni incertidumbre. Tienes que estar seguro del éxito.

Corazón: amor, compasión, misericordia, clemencia.

Circulación de la luz: *fiat lux*. Vestidura espiritual, antecede a la C, número once.

Conciencia cósmica: autorrealización. Conciencia angélica.

*Paramhansa*, el cisne que vuela alto.

Este proceso de alcanzar la conciencia angélica guarda, como virtud, el incremento de la sinceridad (claro está, nunca al grado de la mala educación), al mismo tiempo que la prudencia, la paciencia, la confianza, la caridad, el desprendimiento. Por lo tanto,

---

[5] Las nueve C de mi maestro Francisco L. Frazer, a las que les agrega los números diez y once: creencia y carisma.

alaba, y no adules; evita la irresponsabilidad, la negligencia, la codicia, la hipocresía, y sé tanto cooperativo como perceptivo.

Los maestros del sufismo afirman que los ángeles son el resultado superior de tu mente. Abdul-Wali Salik dijo en su tratado *Tibb-al-Arif* o la *medicina del gnóstico*: "Cuando el león está enfermo, come cierta planta, se cura a sí mismo. Hace esto porque la enfermedad tiene una afinidad con cierta planta, o con su esencia. La enfermedad siempre conoce el remedio".

Si la enfermedad es lo diabólico, el remedio será lo angélico.

La mediocridad existe porque la inteligencia no se organiza. El mediocre sabe que la única forma en la que se puede destacar es haciendo énfasis en aquello que no trasciende y refugiándose en lo grandilocuente para ocultar su pequeñeces.

Recuerda que, en caso de peligro, la erudición no puede acudir en tu auxilio. Sin embargo, la sabiduría real te aleja del reino de la muerte y la expulsa de tu reino.

Tienes que decirle ¡NO! a la "unidad de regresión" y un ¡SÍ! a la "unidad de autorrealización". Para ello, debes encontrar una orientación biopsíquica que incluya una dirección espiritual.

No confundas la felicidad espiritual con la felicidad material, la paz, la buena digestión, como indicó, para la posteridad, el más grande filósofo de todos los tiempos, Friedich Nietzsche.

Practica la paciencia, sé piadoso en todo: desde la migaja de pan hasta el aguijón del escorpión, y recuerda el precepto hindú: "Dios está en el tigre, pero cuídate del tigre".

Debes observar el efecto de la santidad en ti, aspirar a iluminarte, pues la iluminación es la sabiduría de Dios. De ese modo, transitarás por la vivencia, el sendero de los puros, recobrarás el ala perdida y evitarás el tortuoso camino de la experiencia por la que transitan los ángeles caídos.

Cuando siembres en la luz, la iluminación obtenida te acercará a pasos agigantados a vivir los frutos del paraíso.

¡Cuidado! Los arquetipos con los que estamos modificando la realidad pueden estar equivocados.

La palabra arquetipo viene del griego *arkais*, "antiguo", y del latín *typus*, "modelo" o "molde". Fue acuñada por el extraordinario psicoanalista de origen austriaco Carl G. Jung en su libro *Los arquetipos del inconsciente colectivo*.

Jung plantea que en el inconsciente colectivo de la humanidad hay moldeados una serie de arquetipos que influencian extraordinariamente nuestra existencia y la amoldan, pero algunos de ellos pueden no estar identificados y, si estos arquetipos son negativos, ocasionarán conflictos y habrá que sustituirlos por aquellos que produzcan conductas positivas.

Comencemos por desmontar la personalidad. La personalidad es adquirida, la individualidad es generación espontánea, hay que desmontar los esquemas arquetipo, tipo y estereotipo, hasta llegar al prototipo, que es lo que tú eres en sí, no lo que tú piensas o lo que piensan de ti, no lo que tú interpretas o interpretan de ti, aquello que no es la sombra ni el cuerpo, y el síntoma egótico de confundir el ser con ese cuerpo. Entonces, preguntémonos:

¿Qué arquetipo elegí como molde para mi contenido? ¿Qué contenido tengo que modificar para eliminar el efecto nocivo del arquetipo que me condiciona? ¿Cuál es el arquetipo que debe sustituir al anterior?

Arquetipo héroe o arquetipo antihéroe.

Víctima Victimario

Mártir Martirizador (sadomasoquismo)

| | |
|---|---|
| Pacificador | Guerrero |
| Niño | Paternal-autoritario |
| Ángel | Satán |
| Prostituta | Proxeneta |
| Huérfano | Protector |

Una vez que ha sido identificado el arquetipo que está condicionando nuestra conducta negativa, habrá que sustituirlo terapéuticamente. Usted no puede eliminar una columna sin remplazarla de inmediato por otra, porque puede ser que el techo se le caiga encima. Esto, en psicología, equivale a causar un trauma. Luego, esa sustitución se hará de manera consciente, dhármica, positivamente en dirección hacia el *selbst* del que habla Nietzsche, el *self* posterior, en el sentido jungiano, hasta rescatar el prototipo, para realizar la protosíntesis en busca de ese yo, primigenio carente de personalidad, es decir, ese mismo *selbst* o *self*, ser a conciencia angélica... espíritu... Jesús... Dios.

Un estado de ánimo es un proceso neurofisiológico con reacciones neuroquímicas. Cuando está programado negativamente, puede hacerse –por repetición– dominante, y causar un cataclismo visceral. En consecuencia, hay que reafirmar los estados que motivan, en otras palabras: estado motor o potenciador: amor, alegría, fe, salud, seguridad, certidumbre, meditación, oración, éxtasis místico-religioso *versus* estados ancla y devastadores: confusión, depresión, miedo, angustia, desconfianza, tristeza, incertidumbre, frustración, enfermedad.

Respuestas, no reacciones.

La existencia es eso: una batalla entre los sentidos y la voluntad. Si triunfan los sentidos, degenerará la especie; si triunfa la voluntad, y la buena voluntad, triunfará la especie. He aquí una dirección de la que no debemos apartarnos. Como dice el poeta hindú Dadu: "Los sentidos no se crearon para que el hombre muriera de inanición". No obstante, solo la voluntad y la buena voluntad, el amor y la justicia pueden garantizar el verdadero triunfo ahí donde nos es negado por alguna razón o sin razón.

Para controlar nuestra conducta debemos conocer nuestros estados fisiológicos, incluyendo, por supuesto, los dominantes, aquellos que hemos heredado genéticamente y aquellos que hemos adquirido. Esto da vigencia al transcendental pensamiento socrático de "conócete a ti mismo", frase que continuaba mi maestro Francisco León Frazer, quien decía: "Para que después me conozcas en ti mismo".

Conocernos nos da la altura de la "cerradura para introducir la llave" y obtener el control, el *kibernetes*, el timón, de nuestro destino. De esa manera, abrimos puertas, pero recordemos que "la llave se entrega al discípulo cuando este se encuentre a la altura de la cerradura", es decir: "Cuando te hayas enterado, pensando un pensamiento completo".

Una conducta es eso, un estado diferenciado o un peligroso estado indiferenciado, en cuyo caso hay que aprender a racionalizarlo, reconociéndolo primero, para modificarlo después.

Un estado inconsciente puede provocarnos una reacción espontánea del subconsciente; será, pues, el momento de clasificarlo y controlarlo, para que se pueda erradicar prontamente si conlleva tendencias destructivas o, si es el caso contrario, estimularlo, y buscar como objetivo el éxito y, como superobjetivo, la felicidad.

El uso de calificativos como superioridad e inferioridad son términos cuantitativos que no deben ser empleados en términos absolutos, ya que no tienen sentido en cuanto a lo humano, porque siempre va a haber una persona más alta que otra.

No debemos preocupar la mente, o sea, ocuparla antes de que lo que tememos vaya a suceder. Algo similar pasa con el prejuicio, esto es, juzgar antes de conocer el hecho, el suceso.

Un juicio debe ser equilibrado, armonioso, aunque no nos convenga, aunque no represente nuestros intereses y no tengamos la razón. El juicio debe hacerse con justicia, no con venganza, y sí con lógica y gramática, o sea, respetando el espíritu de la letra, y nunca con la retórica, que, aun cuando enseñe las reglas del buen decir en su correcta acepción (*rhetorica*, del latín) desde las escuelas de Alejandría, se fue apartando de sus orígenes, y causa confusión en el discurso cuando emplea expresiones sofisticadas, como consecuencia del abuso de esas reglas. Esto distorsiona la verdad.

Recordemos que un mapa no es un territorio, pero lo representa; un "ser humano" no refleja, en su juicio, una copia al carbón de lo acontecido, porque siempre habrá una interpretación, y esa interpretación variará según "el cristal con que se mire". Una cosa es lo que sucedió y otra es lo que nos representamos y, si no actuamos con firmeza en cuanto a este criterio, seremos víctimas de las interpretaciones. Habrá que filtrar las emociones y los pensamientos, dejando la escoria en el tamiz, y permitiendo que estos emanen sin prejuicio.

"Cuántas barreras levanta el hombre contra sí mismo". Esta célebre frase del eximio poeta y literato Rabindranath Tagore refleja el siguiente cuadro que nos pone en manos de las fuerzas demenciales: información caótica o falta de información. Desconocimiento del mundo espiritual y de Dios. Indisciplina, disciplina férrea o ninguna disciplina. No tener objetivos, metas, o mantener el hábito de posponerlos. No conocerse a sí mismo.

Falta de visión. Poca o ninguna motivación. Baja o ninguna estima.

¿Cómo amamos o nos amamos? ¿Como propiedad? ¿Como costumbre? ¿Amamos o queremos? Y cómo respondemos a la siguiente opción: deber sin amor = deplorable.

Deber con amor = deseable amor sin deber = divino.

Frustraciones de carácter sexual.

Relaciones destructivas con la familia y con el cónyuge. Atacar al hombre y no al defecto.

Ideas fijas, esquemáticas, o se es incapaz de abrirse a nuevas ideas. Obsesiones.

Mentir. Una mentira piadosa *vs.* una mentira despiadada. Conflictos con las dimensiones del tiempo y su manejo.

Vivir en el pasado o en el futuro.

El efecto del pasado genera conflictos en el presente.

Enfermedades. Incorrectos hábitos nutricionales. Incorrecto balance de las emociones.

Desórdenes de sueño.

Inhibiciones, arrogancia, orgullo excesivo, ambición desmedida.

Hagamos una lista de las cosas que podemos poner en un estado de reafirmación (para luego convertirlas en acción) frente a otras que deseamos cancelar. Es importante desarrollar una estrategia de conciencia dhármica y dar respuestas, no reacciones, además de no tomar decisiones en medio de estados de alteración, sean de angustia, ira, exaltación. Tampoco, en medio de estados de drogas sicotrópicas o sicodélicas, o de alcohol. Debemos buscar el contacto con la naturaleza y racionalizar el conflicto, pero siguiendo gradualmente estos pasos:

¿Qué ha sucedido?

¿Por qué ha sucedido?

¿Qué estrategia podemos emplear para resolverlo?

Transmutación: los hechos ya acontecieron y conozco las causas, pero no puedo modificarlos. Sin embargo, puedo cambiar mi conciencia, y la forma de hacerlo es transmutando el problema, el conflicto, en un proyecto, no en otro problema.

Debemos recordar lo siguiente: "Nunca nos es dado algo si no se nos otorgan también las condiciones para realizarlo". Aunque el material no esté presente en apariencia, arquetípicamente sí lo está y tenemos que trabajar para lograrlo.

No debemos poner en peligro la estabilidad en ninguna estrategia funcional. Recordemos siempre lo que es el "balance del poder". La palabra clave será, en todo momento, cooperación, y las decisiones, individuales o colectivas. Por lo general, se debe compartir el consenso de la mayoría. Si el individuo se encuentra en situaciones extremas, como lo es un secuestro, el secuestrado no tendrá otra opción sino cooperar.

En el caso de una pareja, cualquier decisión debe ser tomada entre los dos.

En el caso de una comunidad que comparte un río o un camino, esta debería no solo compartirlo, sino también cooperar en el mantenimiento que exija el bien mancomunado.

En el caso de un inversionista, este tendrá dos opciones: perder o ganar. Debe seleccionar la mejor.

Con estrategias adecuadas, estás fortaleciendo la presencia de tu ángel custodio, de tu ángel de la guarda, el que te protege, el que te guía, el que te salva, el que te aconseja y orienta por medio de tu conciencia angélica.

La fidelidad del perro es similar a la del ángel. Aunque lo patees, él te responde con amor. Interpreta tus pensamientos y sentimientos como si fueran las dos alas de tu ángel, no las involuciones.

## El aspecto espiritual

La selección antecede a la evolución. Selecciona aquello que siempre te llevará a trascender. Lo contrario te dejará en el mismo lugar en el que comenzó tu "nacimiento".

Recuerda que la verdad es lo único que no cambia. Nuestro conocimiento de la verdad ha de ser verídico, porque si no enfatizará lo fatuo.

Selecciona no solo el mensaje, sino también al mensajero, busca aquello que te humanice. Hay muchos autores interesados en escribir para vender y hacerse famosos, pero no tienen mensaje, transmiten una información caótica, que se aleja de los hechos históricos y distorsionan lo místico-religioso, es decir, arrimando a la sardina a su brasa.

Dentro de esa selección, también está tu pareja. Rabindranath Tagore me enseñó mucho con este pensamiento: "No soy yo lo que escoge lo mejor, sino lo mejor lo que me escoge a mí".

Tu otra parte está dentro de ti, y de ti brotará esa ala que involucionó algún día para iniciar, cuando lo decidas, tu "vuelo arcano". No obstante, esa otra parte también puede ser identificada desde afuera, por medio del otro ser que, a su vez, enfrenta la misma batalla; ese ser que, como tú, tiene una sola ala, pero que juntas, pueden complementarse en el matrimonio místico y de ahí alzar el gran vuelo.

Para ello, es importante que no dejemos que se bloquee nuestra conciencia con ese efecto hipnótico que se llama enamoramiento. Esa es una fase inicial que la naturaleza usa para atraer a la pareja, pero no podemos permanecer por mucho tiempo en esta, ya que podemos perecer, sentir dolor, angustia o soledad, puesto que nos dejamos arrastrar por otra trampa ilusoria del ego.

Por supuesto que el físico es lo primero que vemos, pero sabemos, por experiencia, que ese destino de la forma es la muerte y que, por ende, tenemos que ir directamente al fuero interior de quien creemos que será nuestra futura *soror-misti-cae-soror-misticae* o compañero(a) místico(a). En otras palabras, los pares de opuestos ÉL y ELLA, que por medio de la obra alquímica del opus *alchimicum* vuelven al huevo órfico por medio del amor, sin muerte, el amor mágico, el ÉL ELLA o el ELLA ÉL y que debe llegar al NOS en la boda sagrada. En este se une lo que se separó, debido al caos de la rebelión, donde se une lo que ya no se separará, porque los egos se han purificado por el fuego del sacrificio y se han convertido en *prema*, el amor divino.

En su magistral obra, *ELELLA, libro del amor mágico*, el extraordinario escritor y maestro, Miguel Serrano, nos pone en perspectiva este tema (con claridad meridiana) y dice al respecto: "He llamado ELELLA al Huevo Órfico donde EL y ELLA se encontraban fusionados, unidos. Bajo el efecto de la explosión demiúrgica, o valiéndose de esta, "ella" se separa y se sale por la Herida "por un costado" del Huevo Andrógino. Así se va, comienza a deslizarse hacia las profundidades insondables, hacia Universos sombríos, lejanísimos. Deviene".

Cuando la pareja mística se une en el amor sagrado, sin muerte, el intercurso no es una gimnasia sexual cualquiera, preferencia del demiurgo. ¡No! El tantra blanco, también conocido como tantra yoga de la mano izquierda, lo demuestra cuando indica los pasos por seguir en el *maithuna*, conocido como el ritual sagrado en el que ambos, sacerdote y sacerdotisa, se unen sexualmente, con el objetivo de activar el *Ājnā shakra*, a su vez, visto como el del tercer ojo, por medio de la eyaculación implosiva, es decir, hacia dentro. En el tantrismo de la mano derecha, los trovadores occitanos se sometían a una prueba, denominada Asag, con la amada. Esta prueba consistía en dormir desnudos uno al lado del otro, pero separados por una espada, límite que no podrán traspasar para evitar que se toquen. En efecto, el coito es sagrado, es "eros cósmico" cuando la unión de los cuerpos físicos de los *sorors* místicos recuerdan, en el afán de penetrarse, cuando eran uno, no quieren separarse y cada vez más intentan ser uno dentro del otro, nostalgia de la unidad en el "huevo órfico", el Erikepaios, y cuando se produce el "orgasmo" en esa diezmillonésima de la diezmillonésima de un segundo, en la que se obnubila la conciencia, es el fugaz recuerdo, *ricordi*, como un relámpago en el oscuro cosmos del paraíso.

### Ejercicios para activar la conciencia angélica con la luz

Practica estos ejercicios usando una de las tres posturas piadosas, y recuerda que los ejercicios externos deben estar vinculados a los internos.

Erguido, arrodillado o yacente para que circule la luz.

No cabe duda de que la sangre es luz condensada; ya lo analizamos anteriormente. Es un líquido espeso, cuya composición de carbono y hierro, entre otros factores, lo aleja de aquella sangre original, que, como azul turquesa, como el color del universo, similar a la llama del gas, etéreo cuerpo de las primeras razas espirituales que guardaba la memoria de Dios. Recordemos que el ingreso posterior con la caída en la evolución del elemento clorofila generó el color verde, parecido al que circula por los vasos conductores de las plantas, cuando llegó la "noche del espanto", en la que grandes cataclismos acontecieron, sometieron a las criaturas a enormes presiones, los trepadores perdieron las ramas, los que vivían en los subterráneos del bosque surgieron a la superficie cuando la tierra se abrió y los árboles ardieron a la caída de la lava expelida por los volcanes. Los hombres se quedaron sin las raciones naturales de vegetales, raíces y tubérculos; otro tanto sucedió a los animales del aire, de la tierra. Unos empezaron a perseguir a otros, hasta que la terrible caza, las inofensivas dentaduras, se llenaron de carne y de sus diferentes componentes, por lo que mutaciones que, con el transcurso del tiempo, causaron el color rojo de la sangre, la afición a la carne y, con ello, se acrecentaron las tendencias agresivas hasta que el hombre no pudo dejar de depender de ella.

Para retomar la ligereza del ala del ángel, desde el punto de vista psicofísico, hay que cambiar dicho proceso, aunque hoy es casi imposible. Para ello, se necesitan los siguientes elementos:

1) Dieta solar.

2) Purificación del cuerpo por medio de un sistema de ejercicios físicos, en los que se incluye la respiración controlada.

3) Meditación.

Una dieta solar es aquella en la que prevalecen los elementos naturales que crecen guiados por el rayo solar. En esta, se encuentran, claro está, y como primera línea, los vegetales, los tubérculos, las viandas, las flores, las semillas, las legumbres, las frutas, las mieles, etc. Aquellas personas que comen carne deben recibir el visto bueno, aunque bajo supervisión médica y de nutricionistas, para iniciar una dieta de transición que poco a poco los lleve a una dieta de régimen vegetariano. Debemos tener en cuenta que la célula guarda una experiencia fisiológica de siglos asimilando la carne. Por ello, no hay que entrar en el efecto del terror psicológico por el hábito carnívoro.

Pero de lo que no queda duda es de que nuestra sangre se beneficiará de una calidad de vida superior, se aligerará, circulará mejor, activará más su campo magnético por todo el cuerpo físico y sutil, purificará sus componentes, lo que nos alejará cada vez más de la densidad de una sangre emponzoñada con excesivas grasas y toxinas. Esto también hará que el sistema nervioso se beneficie, facilitando las actividades intelectuales y espirituales, para que haya más claridad. Asimismo, mejorará la calidad de la memoria y hará que dicho sistema nervioso sea más receptivo a las vivencias del espíritu.

Los ejercicios físicos son muy recomendables. Nos ayudan a desarrollar una conciencia de control, no muscular, así como también lo hacen los ejercicios atléticos. Bajo nuestra supervisión, facilitarán la flexibilidad para romper acumulaciones de toxinas en las terminaciones musculares, intoxicaciones que se traducen en anquilosamientos, dolores, molestias, las cuales pueden acentuarse con las proyecciones ventrales de las personas gordas u obesas.

Hablamos anteriormente del yoga, pero debemos incluir ejercicios físicos, espirituales y marciales, los cuales tienen que estar acompañados de meditación para desarrollar la concentración, afinar la percepción espiritual y controlar todo, desde el espíritu hasta el cuerpo, y no a la inversa.

Asimismo, son importantes los ejercicios de respiración, a fin de controlar las emociones, evitar la oxidación celular, dado que mientras más respiramos, más nos oxidamos, y para obtener vivencias trascendentales. Para esto se requiere guiar la energía serpentina por medio del canal sutil central, llamado *sushumna* en sánscrito, y transmutarlo de chakra en chakra, en medio de la conciencia espiritual, hasta alcanzar la iluminación en el loto de los mil pétalos o *sahasrāra*, que se halla en la fontanela, coronilla o vertex.

Cuando la criatura entra en régimen, las vivencias no tardan en manifestarse. El ego intentará mostrarlas como botín de guerra, a lo que debe renunciar el practicante, pero situado en el sendero como va, puede emplear el siguiente ejercicio para hacer que circule la luz.

Las personas que se sometan voluntariamente a esta vivencia tienen que consultar a su médico primero.

El practicante se somete, como primer paso, a un ayuno basado en dieta blanda. Después pasa a una segunda fase con dieta líquida hasta llegar a resistir un día sin ingerir bocado, solo agua. El entrenamiento debe llevarnos a resistir, aunque sea por tres días, sin ingerir alimentos, solo agua.

Por otro lado, debemos estar en una habitación adecuada para realizar el ejercicio. Esta debe tener condiciones acústicas y estar aislada de sonidos y ópticas, en este caso, ausencia de luz. El practicante coloca una esterilla sobre el piso donde va a sentarse, y una vez que estén apagadas todas las luces, se pone un pañuelo en los ojos, lo amarra bien ceñido, pero sin que le corte la circulación. Se concentrará en la respiración, y la dirigirá lentamente hacia el corazón. Para esto, visualizará una especie de energía vital de color dorado, que se enrosca alrededor de este, y se despliega partiendo de ahí hacia todo el cuerpo.

Cuando se inspire y se exhale el mantra "amén" se mentalizará simultáneamente el nombre de Jesús. La respiración debe estar sincronizada con la evocación del nombre y del mantra.

Con la práctica, observaremos (por medio de la apertura que queda del pañuelo) una luz verde alrededor de los brazos y de las piernas. Esa luz verde es como la que se ve en los cuerpos fosforescentes, prueba de que hemos hecho que circule la luz.

Advertimos que hay que tener paciencia y practicar concentrándonos en los pasos, sin ánimo de causar el efecto por el efecto.

## Los círculos de luz

Date baños con aceites de lavanda y nardo mientras inciensas el recinto con sándalo legítimo; frota el cuerpo con conchas de mar y vístete de blanco. A continuación, crea un círculo de luz con velas y ponte en el centro antes de cerrarlo. Este ejercicio potencia aún más su efecto espiritual cuando se hace a la luz de la luna llena, pero, sobre todo, cuando esta se encuentra más cerca de la Tierra.

Vierte agua en un recipiente de cristal o de metal; de plata, si quieres sedarte, o de oro, si quieres activarte. Disuelve sales naturales olorosas, arroja tres hojas de laurel; evoca e invoca tres virtudes, y sopla cada hoja mientras los evocas, y después báñate con esa agua. Deja un recipiente de agua a la luz de la luna llena, llénalo de pétalos de rosa rosada para relajarte y atraer con ternura a Cupido. Haz otro tanto con una rosa roja, a fin de atraer las energías de la pasión, agítalas armónicamente, en dirección de las agujas del reloj. Aparta un poco en un reciente de cristal para que la uses cuando te apetezca en otros menesteres del amor. Y, si puedes, báñate con esa agua en tu jardín.

El siguiente ejercicio sirve para espantar a las larvas del bajo astral mediante la creación de un aura lumínico alrededor de tu cuerpo áurico. Esto atrae, tanto a ti como a tu hogar, a los seres portadores de la luz angélica, cuerpos como de un cristal transparente, cuya presencia también se percibe como música celeste.

### El velo de la luz y el velo de la oscuridad

Encendamos la luz de una vela en un recinto totalmente oscuro y observemos esa isla brillante con su formidable destello mientras contiene la oscuridad. Concentrémonos en el centro de la llama, en la que se percibe el color azuloso que se desprende de la llama amarilla. Ahí no se quema lo que se quema. Visualicemos esa misma llama en el corazón, potenciándola con amor mediante oleadas perpetuas, y usemos el mantra "om" para intensificar su expansión. Cuando el sol de tu corazón se enciende, la luz de tu cuerpo místico circula, resplandece, y los ángeles de la belleza transfiguran alrededor de tu ser en el orden de la grandeza sagrada.

Crea tu jardín de los ángeles y siembra una planta florida alrededor de una estatua o de una escultura angélica. Cada planta debe ser para cada una de las virtudes: la caridad, el amor, la misericordia y la justicia.

Siémbralas en forma circular y deja un sendero para que puedas entrar y sentarte en el centro con el propósito de meditar o para poner a circular energías. No es necesario que llames a nadie por su nombre, lo semejante atrae a lo semejante, y al crear un cuerpo de beatitud, su resplandor trae el de las virtudes espirituales.

Cierra los ojos y sublima un hermoso sentimiento pletórico de amor, de misericordia... Incorpora las emociones, no intelectualices, solamente concéntrate en los sentimientos, no pierdas las sensaciones... Ahora ve que ascienda lleno de colores a lo más elevado del cielo y, como un arcoíris, báñalo en una inmensa armonía. En la medida en que lo sientas, ve abriendo los ojos y describe tu experiencia.

Si dicha vivencia es como la imaginamos, rebosante de vibraciones de amor que se pliegan a tu ser, significa que el ángel te abrazó en medio de su luz. Tal como ya puedes ver, no fue necesario pronunciar su nombre. Esto no quiere decir que si conoces la letra, la palabra que conforma su nombre y te crees capaz de evocarlo, invocarlo y provocar su presencia, te prives de hacerlo. He querido demostrarte que solo basta el amor, porque el amor es la única emanación vitatrónica de Dios que reconcilia a los contrarios. Ama y el ángel te protegerá. La fidelidad del perro es similar a la del ángel: aunque lo patees, él te responderá con amor. Durante esta experiencia debes sentir un perfume sui géneris, un aroma especial que será la prueba de la presencia celestial.

Por otro lado, pon un sonajero, que no esté en contacto directo con el aire acondicionado o con el viento, en una de las esquinas de la sala o de tu habitación. Es muy importante que se cumpla este precepto para evitar que dicho objeto se mueva por causas físicas. Este paso te dará la seguridad de que, cuando el sonajero se mueva y emita su sonido celestial, te puedas percatar de la presencia angélica en tu entorno espiritual.

Al mismo tiempo, es tremendamente importante meditar acerca de paradojas, o *kôan*, técnica budista-tibetana para resolver problemas que no pueden ser solucionados por medio de la lógica o el intelecto. De esa manera, podemos conectar los dos cerebros y crear el *antahkarana*, órgano interno de comunicación, el puente psicoespiritual entre la razón y la intuición, la lógica y las emociones, la individualidad y la personalidad. Para ello, se medita con base en ejercicios como:

"Tirarle al pájaro que no es para darle al pájaro que es"

1. Construir mentalmente una cadena de arena y trasladarla de un lugar a otro.
2. Caminar descalzo, pero también calzado, montado y desmontado.

En el siguiente enigma, que se basa en un poema del maestro sufí Hassan Basra, un niño se acerca con una vela y alguien le pregunta:

¿De dónde viene esa luz?
Al instante, la apagó y le preguntó: ¿Dime a dónde ha ido y te diré de dónde vino?

De vez en cuando es bueno herir nuestra imaginación o la de nuestros semejantes, a fin de procurar un aprendizaje rápido y directo. Por ejemplo, cuando vayas a darle la mano a alguien, hazlo con sinceridad, mírale a los ojos sin pestañear, respira una vez y después pregúntale:

¿Qué bien has hecho hoy?
Elegir la semilla es elegir la cosecha.

Cuando siembres con la luz, la sabiduría será el fruto del árbol de la iluminación. Sentirás la ligereza del ala etérea y vivirás en el esplendor de esa luz. Te darás cuenta de que no eres la llama, sino la luz, y de que no eres la vela, sino la luz. Verás que no eres el vehículo, porque eres el iluminado. La llama se puede apagar; el bombillo, fundir; la vela, consumir, pero tú seguirás siendo el iluminado.

## Ejercicio para experimentar la atención

Pon música celestial. Por ejemplo: la *Symphonia armonie celestium revelationum*, de la santa Hildegarda von Bingen.

Temprano en la mañana, después de un ayuno y las abluciones, siéntate con ropa ligera para observar la ascensión del sol y concéntrate en los rayos de luz que llegan a las nubes. Entonces, visualiza qué miríadas de ángeles descienden hacia ti y te elevan hacia el espacio celeste.

El espíritu vence todas las potencias del aire, incluso la gravedad mantenida por los demonios.

Las trompetas que tocan los ángeles son las llaves musicales de las esferas celestes. Ellos saben qué notas producen su apertura, y con qué notas separan "el trigo y la cizaña", al tiempo que arroban a los espíritus excelsos y espantan a los demonios que intentan seguirles para arrebatarles sus cosechas de luz. Hay una nota para la ascensión, y otra, para la disolución del reino de la muerte, así como también hay ángeles para la parusía. Cuando entramos en el trance de la ascensión, la presencia de la luz del altísimo disuelve al hijo de la oscuridad.

## Oraciones

En mi libro *La oración de Jesús* hago referencia a la eficacia de la oración que se articula con énfasis en las consonantes y en la oración respirada, es decir, la oración hesicasta, como las vías más expeditas y adecuadas para comunicarnos con Dios.

Ahora quiero destacar cómo este tipo de oración puede ayudarnos a rescatar el "ala perdida", nuestra conciencia angélica.

Leamos qué dice al respecto Elías el Ecdicos o el Canonista:

La obra del cuerpo es el ayuno, y la vigilia, la obra de la boca, la salmodia. Por encima de la salmodia está la oración. La obra del alma es la temperancia y la simplicidad, la del intelecto, la oración de contemplación y la contemplación de Dios en la oración.

Simeón, el nuevo teólogo (917-1022), comenta lo siguiente: "Si durante vuestra oración, se produce un pavor, un estruendo, un relámpago de luz, o cualquier otro fenómeno, no os turbéis y perseverad en ella con tanta mayor tenacidad. Esa turbación, ese espanto, ese estupor, viene de los demonios que quieren debilitaros y haceros renunciar a la oración para apoderarse de vosotros cuando ese debilitamiento se convierta en hábito. En cambio, si mientras vosotros cumplís vuestra oración, brilla una luz mejor, se libera un raudal de lágrimas de compunción, entonces sabréis que se trata de una visita y de un consuelo (un auxilio) de Dios" (*La filocalia*).

Otra de las autoridades en este tema es Evagrio Póntico (+399), quien afirma: "La purificación del alma, por la plenitud de las virtudes, hace inquebrantable la actitud de la inteligencia y la vuelve apta para recibir el estado que se busca".

“La oración es una conversación de la inteligencia con Dios; ¿qué estado le será necesario alcanzar para avanzar sin retroceder, para ir hacia su Señor y conversar con él sin ningún intermediario?”.

## Oremos

Es vital orar con el corazón, descender desde el cerebro hasta el corazón. Para ello, debemos dirigir la oración hacia ese órgano espiritual; primero, respirando lenta y profundamente sin alterar el ritmo de la respiración, repitiendo en la inspiración el nombre de Jesús y exhalando “amén”; luego, hay que identificar el nombre de Jesús mediante los latidos del corazón hasta que esa identificación dé lo que se llama oración perpetua y convertir a dicho órgano en un “sagrado corazón”, limpio de emociones negativas, en el que se enciende para siempre la luz del Señor.

Sobre este punto, es de máximo interés conocer las opiniones de Nicodemo el Hagiorita (1749-1809), quien nos ilustra sobre la oración monológica:

> “El espíritu, una vez que está en el corazón, no se detiene solamente en la contemplación, sin hacer nada más. Allí encontrará la razón, el verbo interior, gracias al cual razonamos y componemos obras, juzgamos, examinamos y leemos libros íntegros en silencio, sin que nuestra boca profiera una palabra. Que vuestro espíritu, entonces, habiendo encontrado el verbo interior, solo le permita pronunciar la corta oración llamada monológica: señor Jesucristo, hijo de Dios, tened piedad de mí.

> Hay, además, que poner toda la potencia de la voluntad del alma, recomendándonos que permanezcamos... sin imágenes, ni figuras, sin imaginar ni pensar ninguna otra cosa, sensible o intelectual, exterior o interior, se producirá algo bueno".

Por otro lado, Nicodemo también habla sobre los razonamientos que implican detener la respiración durante la oración: "Retened un poco la respiración hasta que vuestro verbo interior haya dicho una vez la oración. Entonces respirad, según la enseñanza de los Padres".

Y argumenta: "Porque la retención mesurada de la respiración vuelve sutil al corazón endurecido y pesado. Los elementos húmedos del corazón, convenientemente comprimidos, calentados, se vuelven más tiernos, más sensibles, humildes, mejor dispuestos para la compunción y más aptos para derramar las lágrimas. El cerebro también se utiliza y, al mismo tiempo, el acto del espíritu se hace uniforme, transparente y más apto para la unión que procura la iluminación sobrenatural de Dios" (*La filocalia*).

Llegados aquí, habremos recobrado "el ala perdida". Al restituirla, podremos empezar, cuando lo anhelemos, el "gran viaje de retorno a la morada de Dios", nuestra patria cósmica original. Al menos ya no reptamos, suficiente virtud por la que el Altísimo pueda sentir gozo y gloria.

Vendrá un "tiempo en el que se abrirá el cielo, este que observamos, y nos permitirá ver esa gloria del eterno bienhechor".

Liberándonos de las cadenas de aprisionamiento del mundo material, liberamos a los ángeles de su ministerio, sostenido por la voluntad de derramar en nosotros las bienaventuranzas de

Dios. Después de esto, la gloria es cantada en himnos de alabanzas, síntoma de la unidad en la bendita semejanza, lo que es el unigénito a Dios, uno en la esencia espiritual, uno en las bodas sagradas y eternas.

Fin

# Del autor

El profesor Ramses Naser, escritor, profetólogo e investigador, fue fundador del Centro de Investigaciones de Parapsicología de la ciudad de Miami, Estados Unidos, y actualmente es el director del Centro de Investigaciones del Futuro. Da conferencias, tanto nacional como internacionalmente, sobre los temas más apasionantes y controversiales que enfrenta el género humano.

Entre sus publicaciones se encuentran *El factor Júpiter*, *La oración de Jesús*, *Transfiguraciones*, *El arquero del azar*, *El oráculo magno de Ramsés*, *Las alas del águila*, *Pequeño tesoro de soluciones mágicas*, *El apocalipsis según Ramsés*, *En la plataforma de despegue*, *Conciencia del vuelo arcano*, *CD*, *Comandos terapéuticos*. *Incubador de sueños CD*, *Al Qaballah*, *Sistema mántico sufí de cartas o "barakas"*, que significa gracia o bendición, y su más reciente libro *El ala perdida del ángel*.

En este nuevo mensaje, el profesor Ramsés se interna en la historia, en la lingüística, en la mitología y en la teología, con el fin de llegar a la raíz de un tema que apasiona y que ha sido exilado en el olvido.

La caída de los ángeles generó una catástrofe que causó la batalla metafísica que aún se libra en estos tiempos entre los hijos de la luz, la iniciación y los hijos de la oscuridad, la contrainiciación, la cual ha quedado, por un lado, archivada, sumida en el "misterio del dogma" y, por el otro, manipulada durante siglos. Esto le ha permitido a la contrainiciación poder gozar de tiempo para consolidarse y crear una "historia oficial" que no tiene nada que ver con la realidad histórica, modificada, en parte, por las traducciones bíblicas y las diferentes interpretaciones que se han hecho de estas, que solo mediante un escrutinio exhaustivo, asunto de muchos autores no populares, pueden establecer un criterio definitivo y funcional de la verdad y no de lo "verdadero".

En ese contexto, también se inscribe la judaización del cristianismo por parte de Saulo de Tarso. Esta imprime el sentido, la dirección semántico-cultural, incluso económica, política y social al movimiento cristiano, que se había decantado por el esenismo de la liturgia y las metas del judaísmo, para ya más adelante, con la Iglesia como Estado, establecer la inaccesible barrera del dogma eclesiástico y su Estado dentro del Estado, los santos oficios, las herejías y las hogueras, que acabaron con los herederos de los esenios, nazarenos, cátaros y bogomilos cubriendo de un barniz sagrado el terror psicológico que tales barbaries suscitaron.

Hoy, con la "consolidación de la contrainiciación", en su afán ateo y materialista de su última versión de la globalización, asistimos, al agotarse el tema de los extraterrestres, a la moda de los ángeles y la angelología, como algunos seguidores de la "nueva era" suelen denominar a lo que, correctamente pronunciado y escrito, se llama angelología, como un nuevo entretenimiento. Y, mientras el "plan avanza", los ahora salvadores de la humanidad desplazan el verdadero sentido de la misión de Jesús el Cristo a esta otra adoración. Con esto producen todo un culto de la "metafísica" mediante el sello de la "nueva era". Debido a ello, se hace necesario hurgar en las escasas fuentes que han escapado en manos de los impostores, con el objeto de acercarnos a una postura más acorde con la verdad. Por tanto, son inevitables preguntas como:

¿Existen los ángeles o son solo un mito? De existir, ¿cómo podemos tener acceso a sus virtudes? ¿Son emisarios, nuncios divinos, intermediarios, anunciadores o simplemente categorías que no tienen nada que ver con estos oficios? ¿La pronunciación de sus nombres, aquellos que la tradición nos ha legado, es suficiente para motivar su presencia y potencia, o estamos usando un lenguaje equivocado e invocando, por lo tanto, a añejos egregores de culturas, cuya interpretación es ajena a la nuestra? ¿Cuál es la relación de Dios con los ángeles? ¿Los ángeles caídos tienen representantes en las jerarquías visibles del planeta? Por último, ¿quieres recuperar el reino? Este libro te puede dar la orientación, pero antes tienes que aceptar el reto:

No se albergan dudas de que, cuando obtengas estas respuestas, estarás ante la alternativa de aceptar el reto de "¿reptas o vuelas?". Porque tú no eres un ángel, pero sí puedes despertar la conciencia angélica.

Blavastsky, H. P (1980). *La doctrina secreta*. Editorial Kier.

- *La filocalia* (1979). Editorial Lumen.
- *La santa Biblia* (1979). American Bible Society.
- Jung, Carl G. *Simbología del espíritu*. Editorial Fondo de Cultura Económica.
- Royo Marín, Antonio (1963). *Dios y su obra*. Biblioteca de Autores Cristianos.
- *Libro tibetano de los muertos* (1980). EDAF.
- Nasir, Ramsés (1999). *El apocalipsis según Ramsés*. Kufu.
- Lévy, Éliphas (1990). *Los misterios de la* kabbala *o La armonía oculta de los testamentos*. Editorial Humanitas.
- Shah, Idris (1995). *Los sufís*. Kairós
- Robin, Jean (1990). *Las sociedades secretas en la cita con el apocalipsis*. Editorial Heptada.
- Apócrifo (1984). *El libro de Henok*. Colección Hermes.
- Cárcamo, Luis (1981). *El arqueómetro*. Saint-Yves d"Alveydre. Luis Cárcamo editor.1981.
- Serrano, Miguel. *ELELLA*. Editorial Solar.

# ‘Indice

www.ingramcontent.com/pod-product-compliance
Lightning Source LLC
LaVergne TN
LVHW050557160826
845677LV00011B/2348

*9798373161855*